文化金融 ②

面向2035的选择与蝶变

金巍◎著

中国出版集团
中译出版社

图书在版编目（CIP）数据

文化金融 .2 / 金巍著 . -- 北京：中译出版社，
2024.6
ISBN 978-7-5001-7877-4

Ⅰ.①文… Ⅱ.①金… Ⅲ.①金融学—研究 Ⅳ.
①F830

中国国家版本馆 CIP 数据核字（2024）第 097335 号

文化金融 2
WENHUA JINRONG 2

著　　者：金　巍
策划编辑：于　宇　李梦琳
责任编辑：于　宇
文字编辑：李梦琳
营销编辑：马　萱　钟筱童
出版发行：中译出版社
地　　址：北京市西城区新街口外大街 28 号 102 号楼 4 层
电　　话：（010）68002494（编辑部）
邮　　编：100088
电子邮箱：book@ctph.com.cn
网　　址：http://www.ctph.com.cn

印　　刷：山东新华印务有限公司
经　　销：新华书店
规　　格：710 mm×1000 mm　1/16
印　　张：20.75
字　　数：214 千字
版　　次：2024 年 6 月第 1 版
印　　次：2024 年 6 月第 1 次

ISBN 978-7-5001-7877-4　　　　定价：79.00 元

版权所有　侵权必究
中 译 出 版 社

自　序

面向 2035

周虽旧邦，其命维新。

百年未有之大变局新形势下，中国不会停下改革和创新的脚步。

当今世界，国际竞争和国际冲突加剧，政治经济格局剧变，新技术革命席卷各个领域。我国已经进入新发展阶段，这是全面建设社会主义现代化国家、向第二个百年奋斗目标进军的阶段①。当前我国正处于新发展阶段的第一阶段，到2035年要基本实现社会主义现代化。

当下，面向新发展阶段，就是面向2035。

本书是面向2035的文化金融观察读本。之所以称为"文化金融2"，是因为本书与2021年出版的《文化金融：通往文化世界

---

① 2020年10月26日至29日举行的中国共产党第十九届中央委员会第五次全体会议指出："全面建成小康社会、实现第一个百年奋斗目标之后，我们要乘势而上开启全面建设社会主义现代化国家新征程、向第二个百年奋斗目标进军，这标志着我国进入了一个新发展阶段。"

的资本力量》有着承续关系，上一本书主要写于2014—2020年，而这本书收录的所有内容都是2020年之后的，跨度为三年。

本书反映的时期，正是新发展阶段起步的三年时间。这三年，人们在解读进入新发展阶段的战略及政策，在准备着迎接可能发生的重大变革。虽然未来有很多不确定性，但有一点是确定的，那就是中国将在应对各种困难、破解各种难题中崛起。2035年之前，乃至2049年之前，我们将有幸经历这个伟大崛起历程中的很多重大事件。

对于文化经济和文化金融研究者来说，面向2035意味着什么？要置于何种条件下走向2035年？我认为，可能要重点考虑这样三个方面。

一是国家发展新战略。在新发展阶段，一些国家战略在延续，如区域协调发展战略；一些新的国家战略横空出世，如共同富裕战略、高质量发展战略、数字经济发展战略等。这些战略是应对当今国际国内形势变化的指针，是即将改变中国发展面貌乃至世界发展格局的战略，任何一个领域都不能忽视这些战略。

二是经济发展新形态。文化经济也是经济，文化金融也是金融，必须面向经济发展新形态。数字经济是最具新发展阶段特征的新经济形态，技术进步正在改变经济发展格局，同时带来社会层面的根本变化。数字经济和数字技术也在深深影响着文化、文化经济和文化金融的发展方向。

三是文化发展新局面。党的二十大报告指出，"推进文化自信自强，铸就社会主义文化新辉煌"。铸就文化新辉煌，坚持"两个结合"①，2035年建成文化强国，这一切都预示着未来十几年我国文化发展将呈现前所未有的新局面。

面向新发展阶段，任何一个领域，都必须做出战略选择，必须自主完成蝶变。所以在本书中，我考虑将与大局势和大视野有关的文章放在首选位置，同时重点考虑数字技术变革与文化金融关系的文章。另外，就体系建设、产业服务、区域发展等问题展开讨论，是搭建文化金融研究架构所必需的。

本书的主体框架包括三大部分，共六章，每章五篇文章，共计三十讲。

第一部分的主题为"大局势与大视野"。2020年是"十三五"规划期最后一年，这一年我国实现了"全面建成小康社会"的目标。但这一年也发生了重大公共卫生事件，新型冠状病毒感染疫情席卷全球。这一年，社会各界也在积极筹划迈向"十四五"新征程。此后的三年，国际形势风云突变，俄乌冲突、巴以冲突等为世界格局变化平添无数的变数。在新局势下，中共中央和国务院高屋建瓴，制定了一系列战略和政策。在这个时代，关注大势和国家战略是所有领域必须的态度。第一章中有对党的十八大以来文化金融方面的总结，有对2020年之后新形势的分析，重点对新发展阶段的特征和文化金融发展路径进行了解析。第二章以"服务国家战略"为大视野，重点阐述了文化金融如何服务建成文化强国、构建新发展格局、共同富裕战略和乡村文化振兴等较为

---

① 即把马克思主义基本原理同中国具体实际相结合、同中华优秀传统文化相结合。

重大的问题。

第二部分的主题为"技术变革与体系构建"。这是一个新技术革命时代，也有人说这是第四次工业革命。日新月异的数字技术正在全面改变着我们的生产生活。我从2015年开始跟踪金融科技在文化金融领域的应用，这条脉络在2020年之后演变为数字金融与文化金融的关系问题，这个关系的核心是文化金融数字化。虽然这个问题在整个金融体系中显得微不足道，但对文化产业来说意义重大。第三章分别讨论了与文化金融相关的金融科技应用、产业数字金融、数据要素与数字资产等问题。第四章是体系建构，从文化金融服务体系的要素视角切入，分别讨论了公募REITs（不动产投资信托基金）、文化企业公司金融能力、文化企业上市、文化产权交易所等问题。当然，文化金融体系建构远不止这些问题。

第三部分的主题为"产业服务与区域发展"。文化金融与文化产业相互依存，文化金融以服务文化产业为重要使命。在新发展阶段，文化金融服务对象正在发生变化，服务产业需要换个角度、换个思路。第五章主要阐述了与文化金融服务相关的数字文化产业，文旅融合产业，文化创意、创新与创业，以及版权产业等领域，这些都是在新文化经济时代与文化产业密切相关的领域。文化金融与区域发展的关系首先是如何成为区域金融的重要组成部分，如何为区域经济发展做贡献。我对各地文化金融发展也有所观察，也主持了相关课题项目，所以在课题或研讨资料中选编了几篇文章，介绍了北京、南京、深圳、粤港澳大湾区等区域文化金融发展情况，编为第六章。

本书各章都关注了一些业界比较关心的话题，这是本书的特点之一。我在本书中收录的内容，一部分是报纸杂志的约稿，另一部分是在论坛演讲稿、发言稿基础上整理而成的，这些文章的主题大多是应邀设计的，所以话题多是业界比较关心的。以上这些文章，虽然是不同时间撰写和整理的，但放在一起勉强也成了一个体系。

2023年是我国文化体制改革启动二十周年，二十年来，文化金融是随着文化体制改革的步步推进而深入发展的。我特别整理了2003—2023年全国文化金融相关大事记附在书后，作为纪念。

算起来，我选择文化金融作为主要研究方向也有十年了，这十年还是做了一些事，比如成立中国文化金融50人论坛、编辑出版"文化金融蓝皮书"系列书籍、编写大学专用教材《文化金融学》、参与建设国家金融与发展实验室文化金融研究中心、设立北京立言金融与发展研究院文化金融研究所、举办"立言文化金融沙龙"等。文化金融是交叉领域，欠缺系统的理论研究，同时也欠缺常识性的认识。我致力于通过写文章、演讲、授课、座谈等方式与各界交流，表达我的看法，我觉得普及常识和推动实践也非常重要。

在此感谢国家金融与发展实验室理事长李扬、财政部财政科学研究所原所长贾康、北京电影学院原党委书记侯光明、云南省社科联原主席范建华、吉林大学经济学院教授魏益华、国家金融与发展实验室副主任杨涛等师长在百忙之中为本书撰写了推荐语。感谢中译出版社于宇老师和李梦琳老师对本书付出的努力。向所有支持本书出版的师长和朋友致以诚挚的谢意！

  本书是在新发展阶段起步时期的一个粗浅的观察记录。因我才疏学浅，难免有疏漏之处，请各位同仁及读者批评指正。

  所谓面向，只是看见，远未到达。路还很长，与同行者共勉。

金 巍

2023 年 11 月 1 日

于北京通州大运河畔

目 录

第一部分

大局势与大视野

第一章 大局势：面向新发展阶段与高质量发展 003

第1讲 助力文化发展战略 成就金融时代芳华 005

第2讲 以金融创新助力"十四五"文化发展 012

第3讲 以高水平文化金融服务 赋能文化产业高质量发展 019

第4讲 新发展阶段高质量发展与文化金融发展路径解析 026

第5讲 面向新发展阶段的文化金融政策观察 035

第二章 大视野：文化金融要服务国家战略 051

第6讲 以文化金融力量助力文化强国建设 053

第7讲 发展文化金融 服务国家战略 060

第8讲 文化金融与构建新发展格局：基于供给、消费与文化贸易 067

第 9 讲　以文化金融促进精神生活共同富裕　076

第 10 讲　在 U40 的思考：金融如何赋能乡村文化
　　　　　振兴　093

第二部分
技术变革与体系构建

第三章　技术变革：数字时代与文化金融数字化　105

第 11 讲　金融科技发展与文化金融体系重构　107

第 12 讲　数字经济背景下文化金融变革的两条
　　　　　路径　116

第 13 讲　以产业数字金融模式推进文化金融服务
　　　　　创新　124

第 14 讲　从数据要素到数字资产　132

第 15 讲　文化金融与元宇宙：一个分析框架　138

第四章　体系构建：文化金融工具、机构、市场与基础
　　　　设施　155

第 16 讲　金融创新"加持"文化产业　157

第 17 讲　以公募 REITs 推动文旅发展跃上新台阶　167

第 18 讲　把握北交所扩容机遇　推动更多文化企业
　　　　　上市　173

第 19 讲　文化产权交易所与文化生产要素配置　180

第 20 讲　关于文化企业金融能力培育　187

第三部分
产业服务与区域发展

第五章　产业服务：文化产业金融服务的深化与扩展　197

第 21 讲　服务数字文化产业　推动数字文化金融创新　199

第 22 讲　数字文化产业投融资形势及资本关注点分析　206

第 23 讲　文旅融合发展政策、形态与金融服务　215

第 24 讲　版权金融机制、政策与创新实践简析　227

第 25 讲　文创金融：关注文化生产最活跃的部分　242

第六章　区域发展：文化金融的融入与赋能　253

第 26 讲　发展区域文化金融　助力城市文化经济　255

第 27 讲　关于首都文化金融发展的三个议题　265

第 28 讲　紫金山下的创新：南京文化金融发展观察　274

第 29 讲　深圳"双区"建设背景下版权金融创新相关问题　288

第 30 讲　拥抱蓝色：大湾区蓝色文旅产业与金融服务创新　296

附录　全国文化金融相关大事记（2003—2023 年）　302

第一部分

大局势与大视野

- 我国已经进入新发展阶段，开启了全面建设社会主义现代化国家新征程，文化金融也要适应新形势，走高质量发展之路。
- 文化金融发展从未如此接近国家战略舞台，文化金融要承担时代责任。
- 服务国家战略不能建空中楼阁，要脚踏实地，要遵循着战略规划所及的行业性要求，找到文化金融着力点和战略落脚点。

第一章

**大局势：面向新发展阶段
与高质量发展**

第1讲

助力文化发展战略　成就金融时代芳华[①]

【导读】

了解文化金融发展的过去，才能面对文化金融发展的未来。经过十年发展，我国已经初步形成了金融服务文化生产的公共政策体系，银行机构成为文化金融服务主力军，文化产业相关各类资本市场都有较大发展，形成了多个各具特色的文化金融中心城市。这些是否足以说明，现阶段具有了一个不错的基础，面向2035中国文化金融的发展前景，我们充满信心。

文化金融是围绕服务文化生产形成的金融活动及相关体系，是金融服务社会生产和实体经济的重要领域。中国共产党第十八届代表大会（简称党的十八大）以来，文化金融得到了飞速发展，大大促进了文化生产和文化产业发展。2020年，我国文化产业增加值已经增长到44 945亿元，比2012年增长了2.48倍，GDP占比也达到了4.43%，这与文化金融提供了强大的资本支撑有着紧

---

① 本文原载于《金融时报》（2022年7月8日第9版）。

密的关系。文化金融不仅助力国家文化发展战略和文化产业振兴，为调整经济结构做出了重大贡献，同时也通过促进文化生产，参与到"五位一体"总体布局和国家战略当中，成就了我国金融发展的时代芳华。

2012年起，我国经济发展逐步进入"新常态"，文化产业发展也进入规模增长与质量提升并重的时期。文化金融进入高速发展的后半程，文化金融创新不断，虽然局部波动剧烈，但总体上仍呈现稳定态势。经过十年的发展，我国文化金融已经初步形成政策体系，文化产业信贷领域积极创新，多层次资本市场体系形成，影视、数字文化等领域资本市场亮点频出，在区域分布上形成了数个文化金融中心城市。

1. 金融服务文化生产的公共政策体系初步形成

政策是我国文化产业发展的主要驱动力之一，也是我国文化金融发展有别于主要资本主义发达国家的特征之一。我国通过政策促进和治理，形成了在文化生产和文化产业的统一框架下推动文化金融服务的路径，呈现出政策驱动与市场创新联动，整体规划与分业实践共举的局面。

2013年，中国共产党第十八届中央委员会第三次全体会议通过的《中共中央关于全面深化改革若干重大问题的决定》指出，要"建立多层次文化产品和要素市场，鼓励金融资本、社会资本、文化资源相结合"。这是党的十八大之后文化金融发展最为重要的政策依据。2014年,文化部会同中国人民银行、财政部出台了《关于深入推进文化金融合作的意见》,这是我国第二个全国性文化金融专门政策文件,明确了文化金融的内涵和基本框架。我国多地出台文化金融专项政策,如2014年上海市出台《关于深入推进文化与金融合作的实施意见》,2018年北京市出台《关于促进首都文化金融发展的意见》。我国的文化金融政策,除了中央部门和地方政府出台的文化金融专门政策,还体现在总体文化政策、金融政策、文化经济政策等政策文本当中。我国已经初步形成了金融服务文化生产的公共政策体系。

2019年12月,司法部发布《中华人民共和国文化产业促进法(草案送审稿)》,这部法律中与文化金融相关的内容基本反映了我国多年来在文化金融政策领域的主要成就,也将成为我国文化金融政策制定与执行的法律依据。

2. 银行机构成为文化金融服务主力军

2013年10月,杭州银行设立了全国首家文创支行,此后很多银行纷纷设立各自的文创支行、文化产业特色支行等。北京银行一直致力于文化金融创新,已逐步形成了文创专营支行、文创特色支行、综合支行相互补充的文化金融服务网络。中国民生银行、杭州银行、北京银行等较早设立了文化金融事业部,中国工商银行等国有大型银行在文化产业信贷规模上处于领先地位。在债权融资领域,还出现了少量的文化融资租赁、文化融资担保、文化小贷公司等金融机构。

十年来，银行业推出了一系列文化金融产品，贷款规模实现大幅度增长。2011年底，文化产业中长期本外币信贷余额仅为861亿元；2012年底，增长至1 155亿元。而根据中国银行业协会对30家银行进行调研的数据显示，截至2021年底，30家银行文化产业贷款余额就已达16 499.23亿元。截至2021年，30家银行的42款文化产业信贷产品中，29款为文化产业信贷专属产品，专属产品贷款余额为748.83亿元。

3. 文化产业多层次资本市场体系正在形成

除了银行信贷领域，文化产业的其他融资渠道也在十年来得到了较大的发展，债券市场、上市融资、全国中小企业股份转让系统（俗称"新三板"）、区域性股权交易市场（俗称"四板市场"）、信托融资、私募股权融资等都有所创新，多层次的资本市场体系正在形成。我国文化产业融资规模（不含银行信贷）在2016—2017年进入高峰期，之后开始有所下降。根据中国文化金融数据库（CCFD）数据显示，我国文化产业融资规模（不含银行信贷）在2020年有较大程度的跌幅，总规模约为2 700亿元，2021年实现反弹，总规模约为3 700亿元。

10年来，我国政府一直鼓励文化企业通过上市进行融资。2012年，我国文化企业上市公司只有四五十家，而截至2021年底，我国首次公开募股（IPO）的文化企业数量累计已达408家，较 2012 年增长了近 10 倍。2021 年，共新增 IPO 上市文化企业数量 43 家，较上一年增长了 13.16%，再创 IPO 上市文化企业数量历史新高，文化企业 IPO 上市首发融资规模累计达 4 240.82 亿元。2012 年以来，文化产业私募股权市场曾广泛受社会关注，但近年来因新型冠状病毒感染影响而走低。2021 年，文化行业私募股权市场有所恢复，融资数量为 565 起，同比上涨 81.67%；融资总金额为 444.80 亿元，同比上涨 114.89%。2021 年，文化信托产品发行共 100 余期，信托资金规模超过 200 亿元。2021 年，我国文化产业债券市场共发行 76 只债券，发行总额为 541.70 亿元。

4. 文化行业领域受到金融与资本市场青睐

电影金融、艺术品金融和传媒产业资本市场是文化金融领域的传统关注点。上述这些方面在党的十八大以来的十年里都有较大进步。我国电影总票房 2012 年为 171 亿元，2019 年总票房已经达到了 641 亿元（2021 年为 472.58 亿元），电影市场的繁荣，很重要的一个因素是金融资本、社会资本投资对电影行业的支持。2012 年起，我国艺术品市场进入低潮期，但艺术品金融在低潮中仍有很多新的探索和创新。传媒产业资本市场主要表现为新媒体市场的火热，出现了一批独角兽和新型文化传媒企业。除此以外，文化投资运营、文化旅游等领域都是资本关注的重点。

文化产业数字化战略是我国数字经济发展战略的重要组成部分。2012 年以来，互联网文化相关领域一直都备受资本关注，随着数字经济发展，资本市场对数字文化产业的关注在近年达到了新的高度。2021年，数字文化产业资本市场再创新高，融资规模达2 344.64亿元，同比增长54.59%，占文化产业融资规模的62.45%，同比增长6.64个百分点。在数字文化产业融资中，IPO融资贡献了42.30%。

5. 文化金融融入区域战略发展版图

文化金融受到了很多地方政府的高度重视，被纳入了很多地方的区域战略发展版图。经过10年发展，我国已经形成了北京、深圳、南京、宁波、广州、成都等多个各具特色的文化金融中心城市。这些城市以政策为支点构建文化金融服务体系，建立文化金融服务中心作为服务平台，推动文化与金融融合发展。一些城市以国有大型文投控股集团为核心，建立了良好的文化金融生态。

北京是全国文化中心和金融管理中心，发展文化金融对全国都有辐射作用。北京市已经打下了良好的文化金融政策基础，北京市的东城区被获得了"国家文化与金融合作示范区"创建资格。深圳市正加大政策力度支持文化产业资本市场建设和文化要素市场建设。深圳文化产权交易所承建深圳市文化金融服务中心和全国文化大数据交易中心，在深圳文化金融发展中起到了关键作用。南京市曾创造过多个"全国第一"和"首次"，文化金融服务正在向更深层面推进。宁波市民营经济发达，是我国文化金融发展的一支劲旅，获得"国家文化与金融合作示范区"创建资格。广州市是国际商业之都,通过设立文化特色银行、文化基金、文化产业投融资联盟等多种形式和路径推动文化与金融融合发展。成都市是西南经济重镇,文旅经济发达,正在构建以"债权融资＋股权投资＋路演孵化＋金融科技"四大路径为支撑的文创金融生态体系。

除了以上城市,还有上海、杭州、西安等城市在文化金融发展方面各具特色。这些文化金融中心城市正在推动文化金融服务区域经济发展,它们的辐射力和影响力正在持续扩大。

第2讲

以金融创新助力"十四五"文化发展[①]

【导读】

文化金融发展从未如此接近国家战略舞台。《"十四五"文化发展规划》提出,文化是国家和民族之魂,也是国家治理之魂。文化金融要助力国家治理,要强化国家治理之魂,这是文化金融助力国家战略的核心。"十四五"周期开始了,文化金融如何作为?

文化金融是金融服务文化生产的一系列金融活动,是我国金融发展中迅速发展起来的特色金融业态之一。自党的十八大以来的十年间,金融积极作为,发挥了资源配置功能,为我国文化发展做出了积极贡献。近日,中共中央办公厅、国务院办公厅印发《"十四五"文化发展规划》(以下简称《规划》),明确了"十四五"文化发展的总体要求和重点任务,也为如何通过文化金融促进文化发展提供了战略指引。

---

① 本文原载于《中国财经报》(2022年8月30日第5版)。

1. 国家战略视野下发展文化金融的重要意义

文化金融助力国家治理，强化国家治理之魂。《规划》开篇就提出，文化是国家和民族之魂，也是国家治理之魂。2019年10月，党的十九届四中全会表决通过的《中共中央关于坚持和完善中国特色社会主义制度、推进国家治理体系和治理能力现代化若干重大问题的决定》中，已经将文化列入国家治理的重要内容之一，提出"建立健全把社会效益放在首位、社会效益和经济效益相统一的文化创作生产体制机制"，以及"健全现代文化产业体系和市场体系，完善以高质量发展为导向的文化经济政策"。

将文化喻为国家治理之魂，进一步提升了文化在国家治理体系中的地位。文化金融政策是文化经济政策的重要组成部分。通过文化金融政策，能够积极引导资本服务文化生产，有效实现资本配置和其他资源的配置，更好激发文化生产潜力。完善的文化金融政策供给，是文化经济治理的重要手段，也是丰富文化生产的重要驱动力，能够为国家治理添砖加瓦。同时，以文化金融持续推动健全现代文化市场体系和文化产业体系，能够更好服务国家治理现代化。

文化金融助力提升国家软实力，实现文化强国目标。《规划》提出，文化是重要软实力，必须增强战略定力、讲好中国故事，为推动构建人类命运共同体提供持久而深厚的精神动力。文化软实力是国家软实力的重要组成部分，提升文化软实力，既能为建成社会主义文化强国奠定坚实基础，也能够在构建人类命运共同体过程中获得坚实的依靠。提升文化软实力,既要发展公共文化事业,也要发展文化产业。《规划》提出,"十四五"文化发展要坚持统筹兼顾、全面推进的原则,其中包括统筹国内与国际、事业与产业、国有与民营、阵地与市场。文化金融以服务文化生产、促进文化软实力提升为中心,在文化强国建设过程中具有积极的作用。从文化金融的特点和实际需求来看,文化金融服务应重点服务文化产业,落实统筹兼顾、全面推进的原则要求。

文化金融助力文化经济发展,促进国民经济结构优化。发展文化经济,尤其是发展文化产业,对优化我国国民经济结构具有重要意义。《规划》提出,在"十四五"期间,必须进一步发展壮大文化产业,强化文化赋能,充分发挥文化在激活发展动能、提升发展品质、促进经济结构优化升级中的作用。将文化产业发展成为国民经济支柱性产业是我国文化发展的目标之一,我国文化产业增加值也在逐年提升,2020年,文化产业增加值在国内生产总值中的比重已经达到4.43%。文化金融具有资源配置的功能,为文化产业发展提供了较大的资本要素支撑。在未来文化发展过程中,需要更多的资本投入,才能实现经济结构优化升级的目标。

2. "十四五"期间发展文化金融的重点工作任务

一是推进文化金融产品与服务创新,完善文化金融服务体系。《规划》提出,要加快推进符合文化产业发展需求和文化企业特点的金融产品与服务创新。十年来,我国银行信贷领域的金融产品创新与服务创新已经取得了较大的成绩,为文化发展提供了有力支撑。我国银行业积极创新,推出了一系列文化金融产品,贷款规模也实现了大幅度增长。2012 年底,文化产业中长期本外币信贷余额仅为 1 155 亿元,这一指标在近 10 年间增长了十几倍。中国银行业协会数据显示,截至 2021 年底,30 家银行文化产业贷款余额达 16 499.23 亿元;30 家银行推出了 42 款文化产业信贷产品,其中 29 款为文化产业信贷专属产品,专属产品贷款余额为 748.83 亿元;多数银行设立了文化产业服务专门部门或专营支行,优化了文化金融服务。"十四五"期间,文化金融创新需要在产品专属化、服务专业化方面更加深入,同时还需推动机构专营化,扩大文化金融专属产品的市场渗透率。

二是扩大直接融资规模,调整文化产业融资结构。提高直接融资比重一直是我国金融与资本市场改革的重要目标之一,对于文化产业融资来说也具有重大意义。《规划》提出,要进一步扩大文化企业股权融资和债券融资规模,支持文化企业上市融资和再融资。十年来,我国文化产业的直接融资渠道得到较大的拓展,债券市场、上市融资、新三板、四板市场股权交易、私募股权融资等都有所创新,多层次的资本市场体系正在形成。但是我国文化产业直接融资规模在 2016—2017 年进入高峰期之后有较大程度下降,2021 年只有 3 000 多亿元,与银行信贷等间接融资渠道相比,直接融资规模相对较小。尤其是 2020 年新型冠状病毒感染暴发以来,直接融资市场形势更加恶化。"十四五"期间,需要重振文化产业直接融资市场,尤其需要重振私募股权投资市场,积极引导社会资本投资文化产业。

三是提高文化金融公共服务水平,实现文化金融服务综合化。《规划》提出,探索文化金融服务中心模式,为文化企业提供综合性金融服务。2010年,九部委联合印发《关于金融支持文化产业振兴和发展繁荣的指导意见》以来,一些地方政府积极探索文化金融公共服务模式,为文化企业融资提供更方便畅通的渠道。以南京为代表的很多城市建立了文化金融服务中心。2021年,文化和旅游部印发《"十四五"文化产业发展规划》,其中也提出,持续推广文化和旅游金融服务中心模式,全国范围内建设文化和旅游金融服务中心20个左右。"十四五"期间,文化金融服务中心模式需要更加标准化和科学化,公共服务要与市场化运作相结合,积极开拓服务领域和业务范畴,提供更加综合化的投融资服务。需要重点推动文化金融基础设施建设,为提供更高质量的投融资服务打下良好基础。

四是强化与其他文化经济政策的协调联动,优化文化金融服务。文化金融与文化财政政策、文化税收政策、文化贸易政策、文化土地政策等文化经济政策相协调,有利于文化金融更全面更深入服务文化生产。《规划》提出,要用好电影、出版、旅游、艺术等各类资金和基金;要推广文化和旅游领域政府和社会资本合作(PPP)模式,鼓励社会资本设立有关基金;鼓励利用闲置设施、盘活存量建设用地发展文化产业和旅游业;鼓励有国际竞争力的文化企业稳步提高境外文化领域投资合作规模和质量等。

3. "十四五"时期文化金融发展展望

政策供给更加科学系统，法治化水平全面提升。我国文化金融政策已经初步形成了体系，通过政策促进和治理，形成了在统一框架下推动文化金融服务文化生产的发展模式。随着各类"十四五"文化发展及金融类规划的出台，文化金融服务方面的政策将更加精细化，并向科学而系统的方向发展。另外，《中华人民共和国文化产业促进法（草案送审稿）》已经发布，有望在"十四五"期间正式实施，这部法律中与文化金融相关的内容基本反映了我国多年来在文化金融政策领域的主要成就，将成为我国文化金融政策制定与执行的重要法律依据，加速文化金融治理的法治化进程。

文化金融业务管理体系和行业标准体系有望初步建立。文化金融不仅要服务高质量的文化生产，自身也要实现高质量发展，而高质量发展需要依靠高质量的管理水平。我国文化金融类专门机构正在兴起，不仅有银行的专营支行、特色支行等，还有文化融资租赁、文化融资担保、文化企业集团财务公司、文化产权交易所等机构，这些机构与文化金融中介、行业组织、公共服务机构等共同组成文化金融生态，对现代管理体系和管理能力提出了更大需求。文化金融是特殊的金融业务，许多机构将致力于在决策、计划、组织、协调等重要管理问题上进行文化金融业务创新和管理创新，形成独特的行业竞争力。经过数年努力，我国有望初步建立文化金融业务管理体系和行业标准体系。

文化金融领域金融科技应用进一步深入，数字文化金融或将崛起。金融科技正在迅速改造着整个金融体系，文化金融也将因此受益。越来越多的金融机构正在以大数据、云计算、人工智能、区块链等金融科技为支撑改造业务流程，提升服务效率和质量，一些专门针对文化企业的金融科技方案也开始实施。在数字经济背景下，数字技术将更多应用于文化行业信用管理体系建设、文化资产评估体系建设、文化数据资产管理体系建设等领域，形成数字文化金融的基本架构，为文化金融服务提供强大的新型基础设施。

文化金融将进一步融入区域经济发展和城市经济建设。文化金融正在通过服务文化生产而成为区域经济和城市经济发展的重要力量。文化金融不仅是文化发展版图的重要组成部分，也已经成为很多城市和地区的区域金融发展规划的重要内容。十几年来，我国已经形成了北京、南京、深圳、宁波、杭州、上海等数个文化金融中心城市。随着国家文化和金融合作示范区的扩容，以及各地对文化金融的日益重视，文化金融将进一步融入各地经济建设总体进程当中。同时，文化金融将与科技金融、绿色金融、普惠金融、自贸区金融等融合发展，成为区域金融发展的重要力量。

第3讲

以高水平文化金融服务赋能文化产业高质量发展[①]

【导读】

新发展阶段的关键词是高质量发展。文化产业要高质量发展，文化金融也要高质量发展。在高质量发展的大势下，文化金融服务体系的基础设施中的两个支柱，即文化资产评估体系和文化企业信用评估体系是否适逢甘霖？当然，除此以外，推动文化金融高质量发展，需要关注制度供给、体系建设、生态培育等领域几个重要抓手。

党的二十大报告指出，要繁荣发展文化事业和文化产业，深化文化体制改革，完善文化经济政策，健全现代文化产业体系和市场体系。基于文化繁荣发展和文化强国建设，以及发展文化产业的重要性，社会各界对文化金融越来越重视。在新征程上，文化金融如何助力文化发展，尤其是如何赋能文化产业高质量发展，需要我们做出更多思考。

[①] 本文原载于《中国财经报》（2022年12月6日第5版）。

1. 我国文化金融发展的成就和不足

文化金融是指金融服务文化生产的一系列金融活动,以及由此形成的市场、机制和体系,其中的文化生产主要是指文化产业。十几年来,我国已经形成了一个基本的文化金融政策体系和数个文化金融发展较好的文化金融中心城市,同时,我国文化金融服务体系日渐完善,债权和股权融资规模方面都有较大的增长。

我国文化金融发展取得了巨大进步,为我国的文化发展和文化强国建设做出了积极贡献。这表现为两个方面:一方面是银行业积极创新,成为金融服务文化产业的中坚力量。根据《中国文化金融蓝皮书(2022)》提供的数据,截至2021年底,我国主要30家银行的文化产业贷款余额为1.65万亿元,由此推算,全行业的总额应该在2万亿元左右,与十几年前1 000亿元左右的规模相比,增长了约20倍。尤其是2020年新型冠状病毒感染暴发以来,我国银行业为文化产业复工复产提供强力支撑,切实纾解文化企业困难。另一方面是文化产业多层次资本市场建设取得重大进步,主要体现在债券市场、股票融资和私募股权融资市场的发展上。2021年,我国文化产业债券市场共发行76只债券,发行总额达541.70亿元;文化企业首发上市融资规模达1 201.46亿元,上市文化企业再融资规模达1 295.19亿元。2021年,文化行业私募股权融资数量为565起,融资总额为444.80亿元。这些数据与十年前相比,有了极大的增长。值得一提的是,2021年,数字文化产业资本市场表现强劲,融资规模达2 344.64亿元,同比增长

54.59%，占文化产业融资规模的 62.45%。

不过，银行业的文化产业贷款余额规模增长较快，只是纵向进行比较的结果，若横向比较就会发现文化金融发展仍有很大空间。截至 2021 年末，社会融资规模存量为 314.13 万亿元，其中对实体经济发放的人民币贷款余额为 191.54 万亿元。由此可见，只有 1% 左右的银行业资本投向文化产业。在文化产业的 GDP 占比已经达到 4.43% 的前提下，这个比例与文化产业的重要性不相匹配。而在股权融资方面，近几年来文化产业的股权市场一直较为低迷，与 2016 年的高峰期相比有较大差距。股权融资市场呈现低迷状态，表明文化产业直接融资比例的降低，不利于深化金融供给侧结构性改革。

2. 金融赋能文化产业高质量发展的两大支柱

要实现文化产业的高质量发展，需要文化金融积极赋能。我国文化金融领域有多项工作要向纵深推进，如文化金融与文化财政、文化税收、文化贸易等政策的协同推进，文化金融"四化"（文化金融机构专营化、文化金融工具专属化、文化金融市场专门化以及文化金融服务专业化）等。然而，做好上述工作的前提是建设好文化金融服务体系的基础设施，其中最重要的是建立文化金融服务体系的两大支柱。

第一大支柱：建立与现代文化工业体系相适应的文化资产评估体系。

文化资产评估是文化金融服务体系的第一大支柱。文化资产评估的主体部分是对于文化产业无形资产的评估，而文化产业无形资产评估的主体是文化企业无形资产评估。文化产业融资难主要是由文化产业的"轻资产"特征决定的，业界一直都在寻找进行无形资产评估的有效路径。

文化企业无形资产评估难，难点不在"无形"，也不在其"轻"，而在于与资产相关的生产模式及盈利模式。科技金融领域也经常要面对无形资产问题，只不过科技金融面对的主要是技术专利等知识产权类无形资产，而文化金融面对的主要是版权等无形资产，前者主要生产物质产品，而后者主要生产精神产品。精神产品的生产及相应的运营、盈利模式，都与物质产品不同，具有更大的波动性和不稳定性。要真正建立文化企业无形资产评估体系，突破点在于如何适应现代文化工业体系。尽管学界对于文化产业的工业化生产有争议，但这个体系为价值实现提供了明确的坐标。文化资产评估应以这个体系的相关指标回溯资产评估价值，建立资产与文化生产的紧密相关性。

第二大支柱：构建以中小微文化企业为重点的文化企业信用评估评价体系。

文化企业信用评价是文化金融服务体系的另一个支柱。良好的信用不仅有助于企业顺利开展融资活动，同时也有助于其他商业活动。在债权融资领域，如果企业无法依靠资产进行融资，便只能依靠信用。我国的文化经济政策也在文化企业信用体系建设或文化市场信用体系建设方面提出了具体要求。例如文化和旅游部印发的《"十四五"文化产业发展规划》提出,推动健全文化企业信用评价体系;文化和旅游部印发的《"十四五"文化和旅游发展规划》提出,完善文化和旅游企业信用体系,健全市场化融资担保机制。中共中央办公厅、国务院办公厅联合印发的《"十四五"文化发展规划》提出,要加强文化市场信用体系建设,提升文化市场服务质量,强化文化市场管理和综合执法。建立良好的信用评价体系,不仅有利于文化企业获得更好的融资服务,同时也有利于监管部门进行更有效的行业治理。

文化企业信用评价体系构建的重点和难点是中小微文化企业的信用评价。一些中小微企业存在财务报表数据失真、经营关键数据缺乏等问题,而这正是传统的信用评价最为重视的部分。要突破中小微文化企业信用评价困境,首先需要在技术和方法上进行较大的改革,应充分利用大数据、区块链等数字技术,在评价标准中融合财务、经营、物流、团队人员等多方面信息,加大非财务数据的权重。不仅需要金融机构和评级机构强化完善评价体系,同时还需要多层次共治共管,行业协会和社会组织也应参与到体系构建当中。此外,这一评价体系的构建还需要金融监管、市场管理和文化等多部门强化部门协同,共享数据,建立统一的文化企业信用评价平台。

3. 发展高质量文化金融的几个抓手

助力文化产业高质量发展,文化金融本身也要实现高质量发展。高质量的文化金融要能够提升资本供给效率、提供低成本融资、实现体系化功能，这取决于文化金融服务体系能否具有稳定性和创新能力。在"十四五"期间推动文化金融高质量发展，以下几个抓手值得关注。

第一，关注制度供给，特别是关注《中华人民共和国文化产业促进法（草案送审稿）》的落地。文化金融发展需要内生动力，金融科技、人力资源是内生动力；制度是基础设施，而制度供给也是内生动力。我国文化金融发展虽然已经初步形成了公共政策体系，但仍需要在法治化轨道上更进一步。相信伴随着《中华人民共和国文化产业促进法（草案送审稿）》的落地，文化金融制度供给将向法治化方向迈进。在此基础上，各级政府可以推动制定文化金融相关条例、规定和办法，明确文化金融领域的权利与义务。

第二，关注文化金融市场体系构建，尤其要抓住北京证券交易所扩容这一机遇。文化金融高质量发展需要体系优化和市场结构优化。文化企业融资不能过于依赖债权融资市场，需要更多关注股权资本市场。需要尽快改变近年来文化产业股权投资市场相对低迷的局面。扩大直接融资，要重视一级市场，也要重视二级市场。目前来看，要重振文化产业股权投资市场，需要抓住新三板和北京证券交易所扩容的机遇，积极争取"文创板"的更大份额。作为全国文化中心，北京具有得天独厚的优势，不仅可为北京的文化企业上市提供服务，也应在服务全国文化企业上市培育方面做出贡献。

第三，关注文化金融生态培育，要着重推动文化企业家群体培育。高质量的文化金融需要多主体、多元化、多层面、多形态的文化金融生态，当前文化金融生态体系中较弱的群体是文化企业家。现代文化产业体系和现代文化市场体系都需要培育文化企业家。文化企业家群体不仅要有现代企业的管理思维和能力，还需要有现代文化产业资本市场运作的能力。

第四，关注体系融合与外部协同，推动文化金融与其他特色金融融合发展。文化金融要融合进现代金融发展的总体格局之内，要与体系融合发展。文化金融既是产业金融的一种特殊形态，也是特色金融形态之一，与科创金融、绿色金融、普惠金融、自贸区金融等一样，是具有鲜明特点的特色金融业态，应推动在区域金融改革中深化文化金融变革。建议各级政府、文化主管部门和金融监管部门协同合作，结合当前正在推进的国家文化金融与合作示范区创建工作以及各地金融发展规划，推动文化金融纳入区域金融改革试点。文化金融与科创金融有许多相近之处，能够互为借鉴、互相补充，有条件的地区还应推行文化金融与科创金融融合发展的"双核模式"。

第五，关注文化金融与国家战略的关系，要特别关注双循环新发展格局下的文化贸易金融问题。2022年7月，商务部、中央宣传部、中央网信办等27部门联合印发的《关于推进对外文化贸易高质量发展的意见》提出，要通过"创新金融服务"服务文化贸易，显示文化贸易和文化贸易金融的重要性。高质量的文化金融要具有战略格局，要能为国家战略提供支撑。

第4讲

新发展阶段高质量发展与
文化金融发展路径解析①

【导读】

要如何理解新发展阶段？要如何理解高质量发展？文化产业高质量发展意味着什么？文化金融高质量发展的内涵是什么？需要哪些基础条件？在我们铺陈关键词的时候，往往忘记探究其背后真正的含义。本文就进入新发展阶段的文化金融发展路径做了十个方面内容的梳理。这些梳理，包括视野、重点工作和工作抓手，未必全面，但能够提供一个不错的参考。

我国已经进入新发展阶段，开启了全面建设社会主义现代化国家新征程。在新发展阶段，我国文化产业和文化金融也要适应形势，走高质量发展之路。立足新发展阶段，各级政府出台了相关政策和具体措施，为文化金融发展指明了方向，需要深入理解和梳理政策关注重点，积极作为，推动文化产业繁荣发展。

---

① 本文原载于《经济观察报》（2023年3月10日）。本次编辑有修正，并增加附表。

第一章　大局势：面向新发展阶段与高质量发展

1. 新发展阶段、高质量发展及文化金融基本服务目标

经过十几年的发展，我国文化金融市场已经形成了基本规模，文化金融服务体系初步形成，正在为文化发展提供必不可少的动力。当前，我国已经进入新发展阶段，发展文化产业和文化金融需要新的历史视角。

新发展阶段就是全面建设社会主义现代化国家向第二个百年奋斗目标进军的阶段，当前正处于新发展阶段的第一阶段。在各级政府的"十四五"规划和2035年远景目标中，都要求立足新发展阶段，贯彻新发展理念，构建新发展格局，因此，立足新发展阶段是"十四五"发展指导思想之一。新发展阶段的基本要求是高质量发展，新发展阶段也是高质量发展阶段。2020年7月30日，中央政治局召开会议，全面分析国际国内发展大势，首次明确"我国已进入高质量发展阶段"，这与新发展阶段的判断是相呼应的。

在这个背景下，文化产业发展和文化金融发展都需要以高质量发展作为发展的基本要求。在两者关系上，文化金融高质量发展是为高质量文化产业发展服务的，要以高质量文化产业发展为基本服务目标。

所谓文化产业高质量发展，需要有一定的指标来衡量。高质量发展，意味着面对危机具有较强的抗冲击能力，冲击后具有较强的自我修复能力。这次新型冠状病毒感染疫情已经暴露了很多问题，文化产业发展质量低就是其中暴露出的大问题之一。中央

财经大学文化经济研究院编制的中国文化产业高质量发展指数，从投入水平（主体结构、人才供给、资本规模、资源环境）和产出水平（社会效益、经济效益、创新效益和溢出效益）两大方面对我国各省市文化产业发展进行了评价。从表现上，高质量发展的文化产业需从几个方面进行测度：一是产品市场创新性，充分利用文化资源优势，有较为充分的文化供给；二是要素市场的完备性，主要是技术、数据、资本、人才等方面，尤其是资本市场活跃，社会资本参与度高；三是市场主体结构合理性，各类性质主体共生共存，民营企业健康发展；四是产业链完整性，研发等高端环节完善；五是产业生态性，制度与文化等软件条件保障良好环境。

2. 文化金融高质量发展的内涵与基础条件

服务文化产业高质量发展，文化金融自身也要实现高质量发展。高质量发展既是新发展阶段文化金融的基本要求，也是新发展阶段的新特征。文化金融高质量发展的内涵有以下几个方面：

第一，持续稳定的有效资本供给。这是服务实体经济的根本，持续稳定意味着能够长期延续并保有一定的规模总量，有效意味着资本能在更短的周期内、以最优的成本直达实体经济。这需要层次分明、功能各异的资本市场结构，需要扩大直接融资比例。

第二，持续的创新力，不断进行系统的产品创新和服务创新。持续的创新力，意味着能够根据形势变化和产业变革及时推出新产品和服务，如对文化产业的数字化形势，对新业态、新模式进行准确评估评价,并推出新产品和服务。

第三,文化金融体系完备性和生态稳定性。体系完备性意味着工具、机构、市场、基础设施自成体系并发挥作用,其中的重点是完善基础设施,如文化企业信用评价体系。生态稳定性是体系生态化,软件条件完备具有活性。

第四,文化金融体系具备较强的防风险能力。这意味着对体系的监管有稳定的政策导向,有基于企业、机构和行业组织的风险管理自律机制,同时市场主体善于使用保险、担保等风险管理工具进行风险防范。

文化金融高质量发展需要具备一些基础条件,主要有三个方面:一是制度条件。制度是高质量发展的首要保障条件,要从制度设计上保障资本市场规范有序运行,同时避免对有效供给进行干预和干扰。二是技术条件。数字技术正在全方面颠覆金融服务体系,在提高服务效率、下沉服务群体、创新服务方式等方面具有强大支撑作用。三是人才条件。文化金融人才基础是金融人才和文化产业人才两个主要方面,同时也需要进行专门的复合型人才培养。

3. 新发展阶段文化金融发展路径解析

"十四五"规划周期是迈向新发展阶段的开始。国家"十四五"规划、"十四五"文化发展各类规划,以及国家金融监管和金融发展政策、数字经济发展政策等都对文化金融发展有着重大影响。文化金融发展,需要服务国家战略,需要明确任务和目标,要在政策指引下积极探索发展路径。但我们可以跳出政策条文框架，就进入新发展阶段的文化金融发展路径做一点研究性梳理和综合解析，包括新发展阶段的新视野、关注点以及当前工作重要抓手。笔者曾在几个论坛演讲中，以及为《中国财经报》撰写的两篇文章中，就文化金融发展相关的新视野、关注重点及抓手等问题进行过阐述，这里做一点归纳和补充，共十个方面（见表1-1）。

表1-1 进入新发展阶段文化金融发展路径梳理

序号	观察视野	关注点（重点工作）	工作抓手
1	法治化视野	政策体系构建与制度供给的长效化	政府法规"条规办"
2	双循环新发展格局	文化内需与文化贸易	文化消费金融与文化贸易金融
3	国家金融监管新形势视野	服务文化实体经济	文化金融产品、机构及服务创新
4	资本市场新格局视野	文化产业多层次资本市场建设	新三板与北京证券交易所
5	数字经济视野	文化金融数字化和金融科技应用	文化企业信用评估与文化资产评估两个支柱的数字化
6	产业公共服务视野	文化金融服务综合化	文化金融服务中心，国家文化与金融合作示范区
7	公司金融视野	文化金融生态平衡	文化企业家群体培育
8	区域金融改革视野	文化金融的体系融合及外部协同发展	"文科融合""文普融合""文绿融合"，创新试点
9	行业管理视野	文化金融业务流程管理	利用好行业组织管理职能
10	人才强国战略视野	文化金融复合型人才培养	文化金融专项培训体系建设

第一，在法治化视野下，关注政策体系构建与制度供给的长效化。法治化是文化产业和文化金融未来发展的重要路径，也是长久持续发展的重要保障。抓手是利用即将出台的《中华人民共和国文化产业促进法》机遇，在各个层面推动文化金融法规和规章方面的设计。

第二，在国家重大战略与双循环新发展格局视野下，关注扩大文化内需与文化外贸。随着后疫情时代的到来，双循环新发展格局也要有新的调整，着重在投资、消费、出口等方面发力。要积极推动社会资本参与文化投资，通过PPP等形式与政府投资共同承担重大文化项目建设。推动金融服务好扩大内需和文化贸易，抓住机遇细化发展文化消费金融和文化贸易金融的政策，推动创新试点。

第三，国家金融监管新形势视野下，关注服务文化实体经济。"十四五"规划与2035年远景目标中提出要健全具有高度适应性、竞争力、普惠性的现代金融体系，构建金融有效支持实体经济的体制机制。2023年5月，国家金融监督管理总局正式挂牌成立，是为了更好地负责证券业之外的金融业监管。进入新发展阶段，我国金融政策的核心是要服务实体经济、防控金融风险，文化金融发展要适应金融发展和改革整体要求，在风险可控的前提下，更大力度服务文化实体经济，继续推动文化金融产品、机构及服务创新，推动中小微文化企业信贷服务、债券发行、融资租赁服务方面的创新，工作抓手是机构创新。能起到牵一发而动全身的作用。

第四，在资本市场新格局视野下，关注文化产业多层次资本市场建设。国家一直鼓励扩大直接融资比例，应重振文化产业股权投资市场。多层次资本市场建设不是新视野，但由于2021年9月北京证券交易所的横空出世，资本市场呈现新格局，应积极利用好新格局，并与有关部门协调，积极争取相关政策，抓住北京证券交易所扩容的机遇。要激活文化产业投资基金的活力，加强文化企业上市培训。

第五，在数字经济视野下，关注文化金融数字化和金融科技应用。我国正在大力推动数字经济发展和国家文化数字化战略，发布了《关于推进实施国家文化数字化战略的意见》，在党的二十大报告中，再次明确提出"实施国家文化数字化战略"。数字文化经济反映了文化经济变化趋势，也是文化金融服务变革的重要背景。数字技术从金融和文化产业两个方向变革文化金融，应推动数字化文化金融创新和服务数字文化产业金融创新。当前工作抓手是推动数字技术在文化产业信用体系与文化资产评估体系建设的应用，这是文化金融体系的两大支柱，应推动方案落地，树立典型。

第六，在产业公共服务视野下，关注文化金融服务综合化。文化产业的公共服务需要更多主体参与，需要更多机制创新。文化金融要服务好文化产业，也需要新的思路。就目前来看，文化金融服务中心建设是很好的抓手。十年来，我国各地文化金融服务中心的建设有了一定的经验储备，"十四五"时期要建设更多文化金融服务中心，提供更有效的文化金融公共服务。"十四五"

时期，国家文化与金融合作示范区要达到十个，这是新的机制创新平台，应充分利用这个机制平台提供更好的文化金融公共服务。

第七，在公司金融视野下，关注文化金融生态平衡。文化金融生态的薄弱环节是文化企业，要通过提升公司金融能力强化文化金融需求端力量。公司金融不仅仅是传统意义的公司财务管理，还需要公司在融资、投资、资本运作等多方面具有金融能力和资本市场能力。要重视文化企业家培育，文化企业家是深耕文化产业、充满文化情怀的企业家，是在文化资源转化、文化资本运营及资本市场运作方面具有深刻的理解和掌控能力，且深谙企业运营之道并具有现代企业家精神的特殊群体。

第八，在区域金融改革视野下，关注文化金融的体系融合及外部协同发展。虽然文化金融还不是我国区域金融改革的选项，但在特定区域推动其与科技金融、普惠金融、自贸区金融等协同发展，已经有成功的经验，有很好的推广价值。当前抓手是利用国家推动区域金融改革机遇，协同创新，共同出台"文科融合""文普融合""文绿融合"等相关政策，推动文化金融创新发展。

第九，在行业管理视野下，关注文化金融业务流程管理领域。这个部分看起来还不是政策关注重点，但一些地方政府部门已经意识到了文化金融行业管理和业务管理的重要性。进入新发展阶段，应推动将文化金融纳入行业管理，当前抓手是推动行业组织或文化金融相关社会组织建设，利用好行业组织的管理职能。

第十，在人才强国战略视野下，关注文化金融复合型人才培养。人才是"十四五"规划的重要议题，文化和旅游部发布的《"十四五"文化产业发展规划》已将文化金融作为人才培养重点领域，因此，亟待建立文化金融专项培训体系，开发相关专业课程，建立培训师资队伍。

第5讲

面向新发展阶段的文化金融政策观察[①]

【导读】

文化金融要为与文化经济相关的一系列国家战略服务,要承担时代责任,这就是文化金融的战略使命。本文聚焦新发展阶段国家战略及相关政策,从战略中理解政策取向,从政策当中理解文化金融的战略使命,从政策中提炼文化金融的重点服务领域以及具体工作路径。

文化金融政策是重要的文化经济政策,是促进文化产业发展的重要推动力。从政策角度来看文化金融发展,是研究和观察文化金融走势的重要路径。随着我国进入新发展阶段和"十四五"规划周期,文化金融政策的战略背景已经有了巨大的变化,文化金融与国家战略的关系更加紧密,文化金融政策对重大问题的关注更加密切,在服务措施及工具路径方面也更加丰富。本文

---

① 本文根据作者2023年6月25日在中央文化和旅游干部管理院主办的"文化产业执业人才专题培训班"授课课件整理,被收录在社会科学文献出版社即将出版的《文化和旅游产业前沿(第十辑)》(郭万超主编)中。

从战略使命、服务领域与工作路径三个方面对文化金融政策进行解析。

1. 战略使命：相关战略背景与时代责任

新发展阶段的第一阶段，要在 2035 年基本实现社会主义现代化。在这一阶段，文化金融要为建成文化强国做贡献，要为铸就社会主义文化新辉煌的任务目标做贡献。在这一阶段，文化金融还要为与文化经济相关的一系列国家战略服务，要承担时代责任，这就是文化金融的战略使命。这是进入"百年之未有大变局"时代和新发展阶段以来的大局势决定的。文化经济、文化产业、文化金融均不能脱离国家战略环境独居一隅"自娱自乐"，而是要主动融入国家战略当中，服务国家战略。

与文化金融相关的战略图谱之中，"建成文化强国"是文化金融服务国家战略的战略核心，"中国式现代化"是新发展阶段国家全面发展的战略目标，这两项是文化金融相关战略图谱中的两个支柱。从文化与社会经济发展的关系而言，文化金融需要关注的战略至少还有：双循环新发展格局战略部署、高质量发展战略、共同富裕战略、乡村振兴战略、区域协调发展战略、数字经济发展战略、创新驱动发展战略等。这些既是文化金融发展的战略背景，也是文化金融要服务的战略领域（文化金融相关国家战略图谱见图 1-1）。

第一章　大局势：面向新发展阶段与高质量发展

图1-1　文化金融相关国家战略图谱

第一，文化强国战略。文化金融是否重要，取决于文化发展是否重要。文化在我国"五位一体"总体布局当中据有一席。文化是国家治理之魂，文化金融助力文化发展，就是助力国家治理。文化的重要性落到战略指向的实处，便是文化强国建设这一战略目标。文化强国与文化金融的关系很清晰，那就是：没有文化产业强国就没有文化强国，要建成文化产业强国，就要借助文化金融的强大的支撑。根据国际经验，文化强国的建成，均是通过发展产业的形式推动，而背后都有强大的资本力量。由于服务文化生产的职责所在，文化强国自然是文化金融要服务的战略核心。

第二，中国式现代化建设。中国式现代化建设是党的二十大提出的重要命题，是新时期我国社会与经济建设的重大战略目标。党的二十大报告提出，"从现在起，中国共产党的中心任务就是团结带领全国各族人民全面建成社会主义现代化强国、实现第二个百年奋斗目标，以中国式现代化全面推进中华民族伟大复兴"。中国式现代化的本质要求是：坚持中国共产党领导，坚持中国特色社会主义，实现高质量发展，发展全过程人民民主，丰富人民精神世界，实现全体人民共同富裕，促进人与自然和谐共生，推动构建人类命运共同体，创造人类文明新形态。中国式现代化包含了几乎所有我国要实现的其他战略目标，是全面发展的总战略。

第三，高质量发展战略。高质量发展是中国式现代化的本质要求之一，也是新发展阶段基本要求。2020年7月30日，中共中央政治局召开会议，全面分析国际国内发展大势，首次明确提出"我国已进入高质量发展阶段"。党的二十大报告中指出，"高质量发展是全面建设社会主义现代化国家的首要任务"。从高质量发展这个视角上来看，文化产业和文化金融的任务是要实现自身的高质量发展，其中文化金融还要为文化产业高质量发展服务，要将服务重心放在文化产业体系建设、产业链重构、要素市场建设、基础设施建设等方面。

第四，双循环新发展格局战略。双循环新发展格局是2020年新型冠状病毒感染暴发以来我国为了应对国际国内经济格局剧变而提出的战略部署，即便是在"后疫情时代"仍是我国经济未来发展的主要战略路径，因为双循环新发展格局不是单纯因为疫情使然，而是经过四十年改革开放我国经济社会迈入新发展阶段的必然选择。党的二十大报告再次强调了双循环新发展格局战略部署，提出要把实施扩大内需战略同深化供给侧结构性改革有机结合起来，要增强国内大循环内生动力和可靠性，提升国际循环质量和水平。与此密切相关的是扩大内需战略，中共中央、国务院印发了《扩大内需战略规划纲要（2022—2035年）》，将扩大内需作为促进我国长远发展和长治久安的战略决策。在双循环新发展格局战略部署下，文化金融一方面要在优化文化供给的同时，结合扩大内需发展文化消费金融；另一方面还要在文化贸易金融这个着力点上下大气力。

第五，区域协调发展战略。2017年，党的十九大报告中指出，要"实施区域协调发展战略"；2018年11月，《中共中央 国务院关于建立更加有效的区域协调发展新机制的意见》发布，这一战略在近年来也有内容上的调整。党的二十大报告再次将"促进区域协调发展"作为国家重大战略提出。为贯彻区域协调发展战略，我国文化发展相关规划都包含文化发展和文化产业发展空间布局等方面的具体要求，如中共中央办公厅和国务院办公厅印发的《"十四五"文化发展规划》以及文化和旅游部发布的《"十四五"时期文化产业发展规划》《"十四五"时期文化和旅游发展规划》等。文化金融服务区域协调发展战略，关键着眼点包括：优化东部文化金融创新引领，支持发展中西部特色文化金融；协同绿色金融及普惠金融政策，发展"老少边"地区文化旅游产业；立足主要经济带一体化建设及成渝双城经济带，以高标准服务文化产业带；结合城市群和都市圈建设探索"都市圈文化金融服务模式"。

第六，共同富裕战略。共同富裕是中国特色社会主义的本质要求。2022年3月，中国人民银行、中国银保监会①、证监会、国家外汇管理局及浙江省联合印发了《关于金融支持浙江高质量发展建设共同富裕示范区的意见》，提出了31项建设共同富裕示范区的具体措施。与金融和共同富裕的一般关系不同，文化金融促进共同

---

① 2023年3月7日，在中国银保监会基础上组建国家金融管理总局。下文带有明确改组前年份的，采用原机构名称。

富裕的独特之处是通过助力精神富裕来促进共同富裕，这也是文化金融促进共同富裕的核心点。而所谓精神上的共同富裕，不仅是整体上实现与物质富裕相匹配的精神富裕，而且要在局部之间实现精神富裕的平衡。文化金融支持共同富裕，不仅要以金融推动文化领域实现物质富裕，还有支持文化供给在各个层面的均等化。还要推动金融支持公共文化服务，促进群体之间、阶层之间的文化供给均等化；推动文化金融服务乡村振兴，以项目带动发展，实现城乡之间文化供给均等化；要防止数字时代出现新的贫富不均。

第七，乡村振兴战略。与共同富裕密切相关的是乡村振兴战略。虽然我国已经基本实现全面建成小康社会的目标，但城乡之间发展上的巨大差距仍然存在。2021年1月，中共中央和国务院印发《关于全面推进乡村振兴加快农业农村现代化的意见》。中国人民银行联合国家乡村振兴局等部门印发《关于金融支持巩固拓展脱贫攻坚成果、全面推进乡村振兴的意见》，提出在八个方面加大对重点领域的金融资源投入。2022年4月，文化和旅游部、国家乡村振兴局及国家开发银行等部门联合印发《关于推动文化产业赋能乡村振兴的意见》，文件对金融支持乡村振兴有了较为具体的内容，主要是：注重发挥重点项目的引领带动作用；注重开发性金融服务保障；鼓励各地创新文化和旅游金融服务。

第八，数字经济发展战略。发展数字经济在2012年之后逐步成为国家战略。习近平总书记在2022年1月16日出版的第2期《求是》杂志发表重要文章《不断做强做优做大我国数字经济》，全面阐释了发展数字经济的国家战略。数字经济，是新时期创新驱动发展战略的重要领域,是由数字技术创新以及由此引发的一系列模式创新、业务创新、市场创新构成的新经济形态。在文化方面,中央已经提出了文化产业数字化战略和国家文化数字化战略,推动文化发展领域数字技术应用,推动文化产业领域的新形态、新模式和新业态发展。在数字经济背景下,文化金融要关注如何服务文化产业数字化,如何更好服务数字文化产业和数字文化企业。同时,金融机构要关注如何利用数字技术和金融科技提升自身文化金融服务能力,创新文化金融产品,提升文化金融服务质量。

2.服务领域:完成重要任务,解决重大问题

在新发展阶段,文化金融要服务国家战略,更好服务好文化领域重要领域,包括重要任务目标、重大战略和重大问题等。党的二十大报告提出了"要推进文化自信自强,铸就社会主义文化新辉煌"的文化建设总任务,提出要繁荣发展文化产业,对文化产业提出了五个方面的重要任务,包括:完善文化经济政策;实施国家文化数字化战略;健全现代文化产业体系和市场体系;实施重大文化产业项目带动战略;推进文化和旅游深度融合发展等。结合国家"十四五"规划、"十四五"文化发展各类规划等多个政策文件,我们可以梳理出文化金融要重点服务的文化经济领域。

第一,助力文化体制改革,推动完善文化经济政策。自2003年我国启动文化体制改革以来,我国开始走上"文化事业和文化产业协调发展"的历史时期。随着文化体制改革的深入,文化经

济的日益完善，文化产业和文化市场得到了较大发展。应该说，文化产业和文化市场的活力实际上是通过文化体制改革逐步释放出来的。我国文化体制改革中，包括文化经济政策在内的文化经济起到了巨大的作用。《中华人民共和国国民经济和社会发展第十四个五年规划和 2035 年远景目标纲要》提出深化文化体制改革，完善国有文化资产管理体制机制，深化国有文化企业分类改革，推进国有文艺院团改革和院线制改革。我国文化体制改革仍任重道远。服务文化体制改革，完善文化经济政策，文化金融需要为文化体制改革释放的市场主体提供金融和资本市场服务，完成顺利转制，建立新型国有文化资产管理体制。同时文化金融要与文化财政、文化税收、文化贸易、文化土地等政策相协调。

第二，服务健全现代文化产业体系和市场体系。文化产业体系和文化市场体系建设是在文化产业发展历程中逐步提出并完善的，2013 年党的十八届三中全会通过的《中共中央关于全面深化改革若干重大问题的决定》，特别强调了"建立健全现代文化市场体系"，并将所有文化产业相关内容置于这个议题之下。《中华人民共和国国民经济和社会发展第十四个五年规划和 2035 年远景目标纲要》提出了"发展社会主义先进文化、提升国家文化软实力"的文化任务，同时提出要"健全现代文化产业体系和市场体系"。党的二十大报告也提出了文化产业体系和现代文化市场体系建设目标。可以说，现代文化产业体系和文化市场体系建设是文化产业发展诸多重大问题中最为关键的问题，决定了文化产业的方向。文化产业体系和文化市场体系建设，要在加快完善社会主

第一章 大局势：面向新发展阶段与高质量发展

义市场经济体制基础上予以推进[①]，文化金融也要在这个基础上推动体系建设。在产业体系方面，文化金融在提供资本资源供给的同时，能够助力调整产业结构，鼓励产业创新；在市场体系建设方面，金融能够为文化市场提供资源配置、市场价格信号，也为市场竞争提供资产市场舞台。

第三，助力国家文化数字化战略，服务数字文化产业。党的十九届五中全会通过《中共中央关于制定国民经济和社会发展第十四个五年规划和二〇三五年远景目标的建议》明确提出要"实施文化产业数字化战略"，此后国家文化数字化战略逐步成型。2022年5月，中共中央办公厅、国务院办公厅印发了《关于推进实施国家文化数字化战略的意见》，正式提出实施国家文化数字化战略，各地政府开始出台相应的实施意见。国家文化数字化战略落实到产业层面，重要任务是发展数字文化产业。2020年11月，文化和旅游部印发《关于推动数字文化产业高质量发展的意见》，突出了数字文化产业"高质量发展"战略思路。政策文件对相关文化金融内容有具体的要求，基本是以往政策在数字文化领域进行适用性配置，包括信贷等文化金融产品创新，支持债券融资，支持数字文化企业上市，支持股权投资基金投资文化数字化。比较独特的地方有建立文化资源数据价值评估体系等。

第四，服务重大文化产业项目带动战略。投资对优化国民经济

[①] 引自2020年中共中央、国务院发布的《关于新时代加快完善社会主义市场经济体制的意见》。

的供给结构仍具有关键作用，对文化产业结构也是如此。未来很长一段时间内，"三驾马车"的作用仍然被认可并体现在重大经济决策当中。重大文化产业项目带动战略并非新提出的战略，党的二十大报告将重大文化产业项目带动战略作为繁荣发展文化产业的重要任务之一，有着进入发展阶段后的深刻背景。虽然《"十四五"文化发展规划》等文件没有重大文化产业项目带动战略表述，但在建设"国家文化产业发展项目库"、保障重大工程、重点项目实施等方面有具体要求。这个战略目前曝光率低但意义不容忽视。金融服务重大文化产业项目有三个方面的资本要利用好，一是应充分利用好政策性开发性金融的支持，二是利用好商业金融的资本和工具，三是要积极引导社会资本参与重大文化产业项目建设。

第五，服务文化和旅游深度融合发展。文化和旅游融合发展已经成为新时期文化发展国家战略的重要组成部分和重要发展路径。除了党的二十大报告外，党的十九届五中全会在"十四五"规划与2035年远景目标建议也提出了推动文化和旅游融合发展的战略部署。中共中央办公厅、国务院办公厅联合印发的《"十四五"文化发展规划》提出，坚持以文塑旅、以旅彰文，推动文化产业和旅游产业深度融合发展。文化和旅游部等部门正在推动建设"国家文化产业和旅游产业融合发展示范区"。文化和旅游融合在业态上有以文化为基础"+旅游"及以旅游为基础"+文化"两个主要融合路径，另外还有新型文旅综合体建设开发模式等全新融合路径。文化金融服务文旅融合，需要关注文旅融合新业态的新特点，如成本、盈利模式以及产业链结构的变化，在新的特点基础上开发金融产品和服务方案。

第六，规范创新发展文化金融，切实服务文化实体经济。金融服务实体经济、防控金融风险和深化金融改革仍是我国金融体系工作的三大重点工作任务，"十四五"规划与2035年远景目标和党的二十大报告在这些方面提出了更加严格的要求。对文化金融来说，如何服务文化实体经济和防范文化金融领域风险同样是重要工作。虽然在文化金融政策条文中没有这个方面的明确要求，但因为文化金融是金融活动，相关创新活动需要纳入整体监管体系当中。所以，文化金融要在规范发展和创新发展中寻求平衡，要在创新中切实服务文化实体经济。落实到微观层面，核心的问题仍是降低融资成本，提高资本使用效率，应切实让文化企业有高质量金融服务的获得感。但是，在创新发展文化金融过程中，仍要警惕文化产业资本市场中的虚拟经济成分。

3. 工作路径：如何提升文化金融服务能力

所谓文化金融工作路径，是发展措施，是工作要求和具体规划，决定了文化金融能够提供何种服务、如何创新、如何保障。随着进入新发展阶段和"十四五"规划周期的展开，文化政策和金融政策更注重全局性和基础性问题，在文化金融的工作路径上也有新的侧重。

自2010年出台《关于金融支持文化产业振兴和发展繁荣的指导意见》，文化金融工作路径在基本范畴上没有太大的变化，但在具体工作抓手有很多亮点和创新点。根据中共中央办公厅、国务院办公厅联合印发的《"十四五"文化发展规划》，文化和旅游部出台的《"十四五"文化产业发展规划》和《"十四五"文化和旅游发展规划》等主要政策文件的相关内容（见表1-2），我们可以梳理出政策所关注的工作路径，主要有六个方面。

表1-2 "十四五"文化相关规划中的文化金融政策内容

序号	文件	主要内容
1	中共中央办公厅、国务院办公厅印发的《"十四五"文化发展规划》	在"构建高标准文化市场体系"中提出五方面（要素市场、产品与服务、股权和债权融资、中心模式、信用）： · 健全文化要素市场运行机制，促进劳动力、资本、技术、数据等合理流动 · 加快推进符合文化产业发展需求和文化企业特点的金融产品与服务创新 · 进一步扩大文化企业股权融资和债券融资规模，支持文化企业上市融资和再融资 · 探索文化金融服务中心模式，为文化企业提供综合性金融服务 · 加强文化市场信用体系建设，提升文化市场服务质量，强化文化市场管理和综合执法
2	文化和旅游部印发的《"十四五"文化产业发展规划》	专门用一章（第八章）对"深化文化与金融合作"进行了较详尽的要求，提出"推动文化与金融合作不断深化，鼓励和引导金融资本、社会资本与文化资源相结合，健全多层次、多渠道、多元化的文化产业投融资体系，切实提高文化企业金融服务的覆盖面、可得性和便利性"。 · 完善支持政策体系。主要是金融工具、产品和服务创新；股权融资上市；基础设施建设等。 · 推动服务机制创新。主要是银行的机构创新；政银合作；文化金融服务中心；国家文化与金融合作示范区；文化产业投融资辅导推介机制等。 · 引导扩大有效投资。主要重点领域和关键环节投资；政府引导与民间资本投资；财政类投资工具；政策性、开发性金融；不动产投资信托基金（REITs）等。

第一章 大局势:面向新发展阶段与高质量发展

续表

序号	文件	主要内容
3	文化和旅游部印发的《"十四五"文化和旅游发展规划》	1. 在"健全现代文化产业体系"一章"专栏4:文化产业培育和消费促进"中提出"文化产业投融资促进",提出在"十四五"期间推进国家文化与金融合作示范区提质扩容,示范区达到10个;推广文化和旅游金融服务中心模式,文化和旅游金融服务中心达到20个
3	文化和旅游部印发的《"十四五"文化和旅游发展规划》	2. 在"保障措施"中提出"完善投融资服务",内容: · 深化文化、旅游与金融合作,鼓励金融机构开发适合文化和旅游企业特点的金融产品和服务 · 扩大文化和旅游企业直接融资规模,支持符合条件的文化和旅游企业上市融资、再融资和并购重组 · 支持企业扩大债券融资 · 引导各类产业基金投资文化产业和旅游产业 · 推广文化和旅游领域政府和社会资本合作(PPP)模式 · 完善文化和旅游企业信用体系,健全市场化融资担保机制 · 推动文化和旅游基础设施纳入不动产投资信托基金(REITs)试点范围

第一,继续推动文化金融产品创新、服务创新和组织创新。相关政策一直将产品和服务创新作为文化金融工作的首要内容。产品创新虽然复杂,但基于现有产品进行改造和改进毕竟更直接,能够起到立竿见影的效果。十几年来,我国银行的文化金融专属产品的存续率能够达到50%以上,说明很多产品是有生命力的。除了银行的产品创新,还需要持续在文化债券产品、文化信托产品、文化融资租赁产品、文化担保产品和文化保险产品等方面设计更多产品。服务创新是金融机构服务流程、效率和机制方面的创新,是面向文化企业的,而非只基于文化金融专属产品。

组织创新（或机构创新）是产品创新和服务创新的关键，一般来说，较之一般业务部门或综合业务部门，专门组织（专门事业部、专营机构等）在文化金融专属产品推广和文化金融服务上更具有效率。

第二，继续推动扩大文化企业股权融资规模，鼓励文化企业上市融资。《"十四五"文化发展规划》要求，"进一步扩大文化企业股权融资和债券融资规模，支持文化企业上市融资和再融资"。政策在利用资本市场融资和鼓励文化企业上市方面从未有所变化，但实际上的效果并不尽如人意。目前看内容方面的企业上市数量仍然比较少，只是从宽口径的统计上来说成绩还不错。在当前文化企业私募股权市场低迷以及金融监管形势日益趋严的形势下，政策鼓励扩大股权融资和文化企业上市具有特别的意义。在这个政策下，如何寻找新的突破口，尤其是为民营文化企业上市融资提供便利，是需要下大气力进行推动的。

第三，引导扩大有效投资，鼓励社会资本参与文化投资。政府投资与金融关系极其密切，需要运用大量金融工具辅助完成固定资产投资项目。《"十四五"文化产业发展规划》专门用一节来阐述"引导扩大有效投资"，提出了要投资的重点领域和关键环节，包括文化内容创意生产、数字文化产业、文化和旅游融合、文化产业园区基地、文化消费场所设施、文化产业公共服务平台等；同时提出要发挥政府引导作用，激发民间资本投资活力；提出要利用好财政类投资工具和政策性、开发性金融等。其中关键仍是民间资本如何参与重大文化产业项目问题。民间资本在其他文化领域的投资趋势已经有很大收缩，在政府资本引导的重大文化项目投资上也仍存在很多困难。

第四，推动健全文化产业信用体系与文化资产评估体系建设。中共中央办公厅、国务院办公厅联合印发的《"十四五"文化发展规划》提出"加强文化市场信用体系建设"，文化和旅游部出台的《"十四五"文化产业发展规划》提出"推动健全文化企业信用评价体系"和"推动完善文化企业无形资产评估、确权、登记、托管、流转等服务体系"。这两个问题是老大难问题，虽然有所进展，但很少有新的突破。新发展阶段和高质量发展背景下，文化金融服务体系的建设需要完善的文化产业信用体系与文化资产评估体系，是非常重要的政策任务。

第五，文化金融公共服务模式创新和机制创新，实现文化金融服务综合化。如何推动金融服务好文化产业，需要切实有效的公共服务作为保障手段。十几年来，各级政府已经探索了由政府部门、行业组织及授权公共服务机构（企业）等多元化主体进行的文化金融公共服务模式，有些模式取得了一定成效，如文化金融服务中心模式。"十四五"期间，文化金融服务中心已经成为政策要求重点推广的服务模式，而国家文化与金融合作示范区创建工作也为文化金融服务综合化提供了新的空间。

第六，文化金融复合型人才培养。"十三五"期间，文化产业投资运营、文化企业管理、媒体融合发展、网络信息服务等方面复合型人才是人才培养的重点。文化金融人才在"十四五"期间进入了政策规定的重点领域清单。《"十四五"文化产业发展规划》

提出,以文化产业高质量发展为导向,以内容创作、项目策划、创意设计、经营管理、投资运营、文化金融、国际合作等七个方面为重点领域,做好人才培养工作,这说明文化金融人才已经成为文化产业人才体系的重要支柱。

第二章

大视野:文化金融要服务国家战略

第6讲

以文化金融力量助力文化强国建设[①]

【导读】

文化强国是文化金融服务相关国家战略图谱中的两个支柱之一。没有文化产业强国,就没有文化强国。这是文化金融与文化强国之间关系的逻辑基础。从全球经验来看,文化产业强国的形成都有强大的资本支撑。那么我们应该怎么做?本文提出了三个着力点。

"十四五"规划与2035年远景目标以及党的二十大报告都提出,到2035年我国要建成文化强国。从"建设"到"建成",既是一个目标,也是一种压力。要建成文化强国,就要建成文化产业强国;要建成文化产业强国,就需借助文化金融的力量。

1. 建成文化强国首先需要建成文化产业强国

没有文化产业强国,就没有文化强国。文化强国的崛起是一

[①] 本文原发表于《经济》杂志(2023年第7期)。

个伟大的历史演进过程,文化强国建设则是一个伟大的系统工程。在这个系统工程中,需要"四梁八柱"和系统的指标要求。在研究评判文化强国的诸多衡量标准和指标体系当中,文化产业都是必不可少的一个支柱。发达的文化产业与繁荣的文化事业共同支撑文化强国,才能形成强大的文化创新能力、文化产品生产能力以及文化影响力。

从国际上来看,欧美及日本等在全球范围内具有较强文化势能的国家和地区,文化产业都较为发达。美国在二战之后取得世界第一的强国地位,同时也迅速在世界文化竞争格局当中取得了优势。强大的国家支持,强大的资本支撑,现代的文化工业生产体系,形成了源源不断的文化输出。美国在经济扩张过程中推动本国文化产品全球化生产和营销,美国的影视、音乐和图书逐步成为世界文化消费市场的主流,好莱坞成为全世界电影殿堂,迪士尼、华纳媒体、福克斯、奈飞的文化产品遍布全球。英、法、德、意等西欧主要发达国家虽然在二战后较美国有些式微,但秉承文艺复兴之后的传统文化优势,在绘画艺术、歌剧表演艺术、音乐、图书出版等领域仍保持着较大的市场份额,在全球各地具有强大的影响力。日本和韩国是后起发达国家,在国家产业政策的大力扶持下,释放了强大的文化创新力,日本的动漫游戏产业、韩国的影视产业在全球文化产业中具有较强的竞争力。

从历史经验来看,通过产业方式形成的文化影响力要大于其他方式。一款游戏和一个 TikTok 平台的文化影响力可能远远大于一场公共文化外交活动,人们更容易接受自主选择的文化产品所承载的价值观。我国是文化大国，有悠久的文化传统和丰富的文化资源，但还没有成为文化强国的重要原因之一就是文化产业的弱势。自2003年文化体制改革启动，我国的文化产业活力逐步释放，经过二十年的发展，文化产业增加值超过5万亿元人民币，在国内生产总值中的比重已经接近5%。在国际上，我国文化企业正在融入国际合作体系，竞争力也在不断提升。但由于基础较差，创新力缺乏，文化精品数量少，内容产业出口不足，没有形成集群优势，在国际艺术市场、影视市场、传媒市场等重要市场，我国文化企业还没有形成真正的竞争力。

2. 文化金融是文化产业强国建设的重要驱动力

金融是资本要素的策源地，是经济发展和产业进步的血脉。发展文化产业，是基于文化经济性和产业性的逻辑，而金融和资本能够在文化产业强国建设中发挥作用，也正是基于这个逻辑基础。事实上，从全球经验来看，文化产业强国的形成都有强大的资本支撑。美国通过市场机制设计和完善的版权环境鼓励社会资本投资文化产业，同时通过国家艺术基金等对文化艺术进行资助，通过金融资本和投资机构控制全球主要文化机构实现文化输出。英国、法国等国家都有完善的利用资本发展文化产业的政策体系和市场机制，除了少部分文化艺术和公共文化服务外，大部分文化供给都是在资本推动下通过市场完成的。

金融的资源配置功能在服务文化产业中表现为激活资本要素

市场，为文化产业提供资本供给，这是文化金融的基本功能之一。文化金融还能够通过保险、担保以及一系列金融衍生工具进行资产风险管理，为文化企业保驾护航，促进产业稳定发展。文化金融作用机制建立在文化生产特点的基础上，这些特点包括文化产品生产、运营的特点，文化项目盈利模式的特点，文化消费的特点，以及文化企业财务特点。尤其要基于文化企业的资产特点进行信用评价、风险评价和企业估值，提供合适的金融产品。

通过文化金融的功能实现和作用机制，文化金融能够促进技术创新，促进文化产业结构优化调整。近年来，资本对文化领域技术创新的投入增速较快，数字文化产业融资比例在2021年超过总规模的60%。在技术领域的投资，对文化产业结构调整起到了极大的推动作用。资本投入较多的文化生产领域，文化产品供给就会相对充裕，能够大大促进文化产品供给，促进文化消费，如资本比较关注的选秀类、体验类电视综艺节目，主旋律电影等。另外，金融机构和资本为文化企业进出口提供便捷的结算、增信、融资等方面的服务，能够推动文化产业国际合作，推动文化贸易发展。

我国的文化金融实践证明，资本对文化产业发展的贡献无可替代。二十年来，尤其是十年来，我国金融支持文化产业、文化与金融融合发展都取得了巨大进步。银行、债券、信托、私募股权基金投资等多渠道为文化产业融资提供支撑。根据中国银行业协会对30家主要银行进行的调研，截至2021年底，文化产业贷款余额达16 499.23亿元，全行业估算贷款余额接近两万亿元人民币。

十几年间，我国文化产业债券发行总额超过 6 000 亿元，2019 年达到高峰，发行总额为 1 185 亿元。2012—2022 年，我国文化产业私募股权投资总规模约 1.3 万亿元。多层次资本市场为文化企业提供了广阔的资本舞台，数百家文化企业实现了上市融资。

所以，无论从金融的功能、机制、作用以及实践来看，文化金融与文化产业强国建设都有着必然的逻辑关系，是文化产业强国建设的重要驱动力。

3. 文化金融服务文化产业强国建设的着眼点

文化金融是服务文化产业的金融活动及由此形成的一系列机制和体系，文化金融助力文化强国，最为直接的路径就是服务好文化产业。在新形势下，要立足新发展阶段，在中国式现代化建设背景下，着眼于一个"强"字，着眼于打造文化产业体系强、国际竞争力强和体系融合能力强，推动我国文化产业再上新台阶。

着眼于打造强大的产业体系，服务文化产业高质量发展。我国已经进入新发展阶段，高质量发展是这个阶段的主基调。文化金融服务文化产业，要服务文化产业体系建设和文化市场体系构建，如此才能有高质量文化产业的发展。要通过产品创新、服务创新和政策设计，在文化产业高质量发展的几个重要领域重点进行资金资源配置，支持文化企业规模化和集约化，支持文化产品创新，实现充分的文化供给；支持文化产业要素市场建设，支持文化技术创新，支持国家文化大数据体系建设和文化数据要素市场建设；支持文化领域民营企业和民营经济发展，促进文化产业市场主体结构合理化；支持文化产业链的高端化、现代化，重点服务研发等关键环节企业和基础设施建设。

着眼于打造强大的国际竞争力，服务文化产业国际合作和文化贸易。文化金融要在双循环新发展格局背景下，依照建设更高水平开放型经济新体制的要求，大力支持文化贸易和文化产业国际合作。2022年7月，商务部、中央宣传部等27部门联合印发《关于推进对外文化贸易高质量发展的意见》，其中就金融支持文化贸易提出了七个方面的任务要求，包括创新金融产品和服务、文化贸易企业上市融资、发行债券、出口信用保险承保模式、文化贸易专属险种、资产管理产品投资、引导社会资本投资等。在新形势下，我国文化贸易需"重整山河"，金融服务文化贸易，应依托自贸区建设和国家文化出口基地建设，重点服务新动能企业，支持数字文化贸易企业和数字化平台企业。要支持"千帆出海"计划，重点支持产业链重要性企业，服务中国文化企业重构国际文化产业链。应重点支持东南亚及"一带一路"沿线国家文化贸易市场深度开发，支持文化走出来和请进来，支持文化传媒国际投资，支持具有国际影响力的文化品牌建设。应力争用十年到十五年时间，将中国文化企业推向全球文化产业格局中的第一阵营。

着眼于打造强大的体系融合能力，推动文化产业融入国民经济体系和资本市场体系。文化产业融入国民经济体系，不仅要将文化产业培育成国民经济支柱性产业，而且要推动文化产业与其他重要产业融合发展，激发经济发展中的文化能量。金融要支持生产服务性文化产业和文化融合性产业发展，鼓励金融体系配置更多资源来支持文旅融合、文体融合，尤其要支持已经遍布世界市场的中国轻工业消费品的文化融合与创新，让消费品成为中国文化的传播载体。要积极推动文化产业融入多层次、多元化资本市场体系。实践证明，在市场经济机制中，与资本市场体系关联度较高的产业，应对风险的能力和抗冲击能力都更强。所以要鼓励更多国家资产、产业资本和社会资本进入文化产业资本市场，促进资本与产业的高融合度，在完善的文化监管机制下，以资本带动体系稳定性，增厚产业基座，增强产业抗冲击能力。

第 7 讲

发展文化金融　服务国家战略[①]

【导读】

与文化金融相关的国家战略中，除了文化强国建设，关系最为密切的是高质量发展战略、扩大内需战略、数字经济国家战略和共同富裕战略等。本文从这四个战略展开论述，同时兼顾了中国式现代化、新发展格局、区域协调发展和乡村振兴战略。服务这些战略，不能建空中楼阁，要脚踏实地，要遵循着战略规划所及的行业性要求找到着力点和战略落脚点。

文化金融是以服务文化生产为基础形成的一系列金融活动及相关服务体系，是我国金融体系中独树一帜的特色金融和产业金融形态之一，在我国文化建设中发挥着积极的作用。党的二十大报告中提出，要推进文化自信自强，铸就社会主义文化新辉煌，要繁荣发展文化事业和文化产业。我们要深刻理解党的二十大关于文化建设的精神，继续大力发展文化金融，为文化发展和文化

[①] 本文原载于《金融时报周刊》(2023 年 1 月 20 日第 1 版)。

产业发展服务。同时,还要深刻理解党的二十大报告中关于贯彻国家战略的要求,将金融服务文化发展和文化产业纳入国家战略这一更高的视野,在更加广阔的舞台上实现文化金融的价值。

1. 服务中国式现代化与高质量发展战略,着力促进文化产业高质量发展

中国式现代化既是以往社会主义建设成就的经验总结,也是未来我国社会经济建设的重大战略选择。党的二十大报告指出,从现在起,中国共产党的中心任务就是团结带领全国各族人民全面建成社会主义现代化强国、实现第二个百年奋斗目标,以中国式现代化全面推进中华民族伟大复兴。要推动中国式现代化,就要推动高质量发展。党的二十大报告指出,高质量发展是中国式现代化的本质要求之一,是全面建设社会主义现代化国家的首要任务。没有坚实的物质技术基础,就不可能全面建成社会主义现代化强国。

一方面,要从中国式现代化视角充分认识发展文化金融的重要意义。党的二十大报告指出,物质富足、精神富有是社会主义现代化的根本要求。物质贫困不是社会主义,精神贫乏也不是社会主义。要大力发展社会主义先进文化,加强理想信念教育,传承中华文明,促进物的全面丰富和人的全面发展。文化金融是促进文化事业和文化产业发展的重要驱动力量,在推动我国文化强国建设和中国式现代化建设进程中具有极其重要的地位,发展文

化金融就是对文化建设和中国式现代化建设的有力支撑。

另一方面，文化金融要积极推动文化产业高质量发展。现代化与高质量发展是对所有产业提出的要求，文化产业高质量发展也是未来最为重要的任务和目标。文化产业高质量发展需要制度、资本、技术、人才等多方面的高质量投入，强化资本供给、优化文化产业资本资源配置是文化产业高质量发展的重要内容之一，发展高质量的文化金融就是发展高质量文化产业的重要内容。另外，文化金融要确定服务文化产业的重点，推动文化产业高质量发展。党的二十大报告指出，要深化文化体制改革，完善文化经济政策，实施国家文化数字化战略，健全现代文化产业体系和市场体系，实施重大文化产业项目带动战略。这些都是文化产业高质量发展的内容，也是文化金融服务的重要任务和领域。

2. 服务双循环新发展格局与扩大内需战略，着力文化消费金融与文化贸易金融创新

党的二十大报告再次强调了"双循环"新发展格局战略部署，指出必须完整、准确、全面贯彻新发展理念，坚持社会主义市场经济改革方向，坚持高水平对外开放，加快构建以国内大循环为主体、国内国际双循环相互促进的新发展格局。要把实施扩大内需战略同深化供给侧结构性改革有机结合起来，要增强国内大循环内生动力和可靠性，提升国际循环质量和水平。

双循环新发展格局是我国应对国际国内经济格局剧变而提出

的战略部署，即便是当前新型冠状病毒感染逐步缓和，仍是我国经济未来发展的主要战略路径。这是由我国社会主义市场经济发展到一定阶段的历史特征决定的，也是由新时期国际经济合作与竞争局势决定的。在双循环新发展格局部署下，文化金融要抓住服务文化实体经济、优化文化供给这个中心点，服务产业链重构，建立新的竞争优势；同时结合扩大内需和扩大对外开放，在文化消费金融服务和文化贸易金融服务两个着力点上下功夫。

一方面，文化金融要积极服务文化消费，提振文化内需，促进更高水平内循环。扩大内需战略是我国发展经济、应对国际剧变的重大战略。近日，中共中央、国务院印发了《扩大内需战略规划纲要（2022—2035年）》，就扩大内需做了详细规划，其中也提出了扩大文化和旅游消费的任务。服务文化消费一直是文化金融服务的难点。文化金融既要通过促进文化供给来保障文化消费，同时也要直接开发更多文化消费金融产品来刺激文化内需。应继续丰富文化消费相关消费信贷、信用卡、分期、保险、融资性信保等产品创新，鼓励金融机构创新文化消费场景金融服务，推动文化消费场景与支付平台服务融合。应支持文化消费平台、终端企业与金融机构合作进行合规的金融产品创新。

另一方面，文化金融要重点服务文化贸易，促进形成文化贸易新局面。"双循环"不是弱化外循环，而是要发展更高水平的对外贸易。文化贸易是重要的服务贸易类型，也是我国文化软实力建设的重要领域。近日商务部、中央宣传部、广电总局等27部门联合印发《关于推进对外文化贸易高质量发展的意见》，其中对创新金融服务也提出了要求。文化金融服务文化贸易,要创新文化贸易信贷产品和担保增信方式,鼓励利用发债方式融资,鼓励文化贸易企业通过股权融资做大做强;要切实服务数字文化贸易领域、服务骨干企业为核心形成的产业,服务重点市场,创新"文化走出去"金融支持模式;应积极自由贸易试验区、自由贸易港、服务贸易创新发展试点和服务业扩大开放综合示范区的政策和优先发展机制来推动文化贸易金融创新。

3. 服务数字经济国家战略与国家文化数字化战略,着力数字文化产业金融服务创新

发展数字经济已经成为国家战略。习近平总书记指出,我们要站在统筹中华民族伟大复兴战略全局和世界百年未有之大变局的高度,不断做强做优做大我国数字经济。在发展数字经济战略背景下,国家文化数字化战略被提上议事日程,中共中央办公厅和国务院办公厅印发了《关于推进实施国家文化数字化战略的意见》。党的二十大报告指出,要加快发展数字经济,促进数字经济和实体经济深度融合,打造具有国际竞争力的数字产业集群,同时在文化方面再次强调要"实施国家文化数字化战略"。

一方面,文化金融要适应数字经济发展趋势,积极推动数字化文化金融服务。数字化是高质量文化金融服务的重要路径之一。数字化文化金融是文化金融与数字金融的结合,是利用数字技术和金融科技对文化金融服务的再造。近年来一些机构将大数据、

区块链和人工智能技术应用于文化企业征信、信贷、艺术品投资等领域，未来还需要更多关注基础设施领域，以技术解决文化企业融资难、融资慢等固有难题。

另一方面，文化金融要重点服务数字文化产业。数字经济背景下，文化产业正在进行大规模的数字化迁徙，很多互联网文化企业也在升级再造。近年来，资产市场对数字文化产业的关注度比较高，融资规模已经超过文化产业融资总额的50%。金融机构要关注文化企业的数字化商业模式、数字化生产方式、数字化传播与消费方式方面的趋势变化，要关注数字化再生产体系的文化数据资产变化，需要紧紧围绕数字化进行更多的金融服务和产品创新。

4. 服务共同富裕战略，着力中西部文化金融服务与文化乡建金融服务模式创新

习近平总书记指出，现在已经到了扎实推动共同富裕的历史阶段。共同富裕是社会主义的本质要求，是中国式现代化的重要特征。"十四五"规划和2035年远景目标提出要扎实推动共同富裕，到2035年全体人民共同富裕取得更为明显的实质性进展。党的二十大报告指出，中国式现代化是全体人民共同富裕的现代化，物质富足、精神富有是社会主义现代化的根本要求。物质贫困不是社会主义，精神贫乏也不是社会主义。

一方面，要切实认识到文化金融与共同富裕之间的重要关系。

文化金融促进共同富裕，是既要"富口袋"也要"富脑袋"，主要是"富脑袋"。所以，文化金融促进共同富裕，核心是要通过促进文化生产来提高我国社会的精神富有程度，是促进精神生活共同富裕。文化金融服务能够通过金融手段进行资源配置，进而达到调节精神文化产品生产的目的。文化金融促进精神生活共同富裕，就是在文化生产均衡化、平衡化、均等化之处发挥金融的资源配置功能。

另一方面，要结合区域协调发展和乡村振兴等国家战略，重点推动中西部文化金融的模式创新和文化乡建的金融服务创新。文化金融促进共同富裕，要关注亟待通过资源配置解决不平衡问题的领域。尤其要关注中西部文化产业发展较弱的地区，需要引导文化金融先进经验"西送"，结合旅游金融、绿色金融和普惠金融，构建具有中西部区域特色的文化金融服务模式，激活文化资源，服务文化精神生活提升。要关注乡村振兴战略，积极支持文化乡建，扶持扶助以文创＋旅游推动的创意农业项目和新农村建设项目，积极探索政策性金融与商业性金融相结合的扶助模式。

第8讲

文化金融与构建新发展格局：
基于供给、消费与文化贸易[①]

【导读】

新发展格局并没有过时，这就是一个长期性战略部署。在这个过程中，文化消费和文化贸易问题会一直被强调，这就是文化金融服务要关注的"点"，是"穴位"。但是，有一个重心不能忽视，那就是供给。

构建新发展格局，即构建以国内大循环为主体、国内国际双循环相互促进的新发展格局。习近平总书记指出，构建新发展格局是事关全局的系统性、深层次变革，是立足当前、着眼长远的战略谋划。在双循环新发展格局战略部署下，文化金融如何定位？文化金融要服从新发展格局战略，要服务新发展格局构建，要抓住"一个重心"和"两个着力点"，即服务供给侧结构性改革、优化文化供给这个重心，同时结合扩大内需和扩大对外开放，

---

① 本文原载于北京市文化产业促进中心《文化金融月报》（2023年第3期）。

在文化消费金融服务和文化贸易金融服务两个着力点上下功夫。①

1. 坚持金融服务供给侧结构性改革，优化文化供给

党的二十大报告指出，必须完整、准确、全面贯彻新发展理念，坚持社会主义市场经济改革方向，坚持高水平对外开放，加快构建以国内大循环为主体、国内国际双循环相互促进的新发展格局。"双循环"的根本是什么？是更高水平的循环机制和新体系的建立。那么"双循环"不仅是内需问题和对外贸易问题。构建新发展格局，要优化供给体系，提升供给质量，让供给体系以及需求结构，在更高水准上实现平衡。这是构建新发展格局的重心，是"双循环"所有问题展开的基础。

在扩大消费和内需相关政策中，都是将供给放在首位，要将扩大内需与供给侧结构性改革结合在一起。2023年7月31日国家发展改革委发布《关于恢复和扩大消费的措施》，指出要坚持优化供给和扩大需求更好结合，把实施扩大内需战略同深化供给侧结构性改革有机结合起来。国家发展改革委印发的《"十四五"扩大内需战略实施方案》提出"扩大文化和旅游消费"，立足点也是扩大供给，提出要完善现代文化产业体系和文化市场体系，推进优质文化资源开发，推动中华优秀传统文化创造性转化、创新性发展；鼓励文化文物单位依托馆藏文化资源，开发各类文化创意

---

① 金巍.发展文化金融服务国家战略［J］.金融时报周刊，2023.1.

产品,扩大优质文化产品和服务供给。

所以,在新发展格局中发展文化金融,坚持服务供给侧结构性改革,优化文化产业供给,需要抓住三个方面。

一是需切实服务文化实体经济和产业链重构,夯实供给基础。服务实体经济是我国金融工作的三大任务之一。文化金融服务实体经济,就是要服务文化产品生产,实现金融资本供给与文化产品生产紧密结合,积极为优化文化产品供给、推出更多文化精品提供便利。要推动"脱虚向实",要避免文化产业资本市场的虚拟经济"泡沫"。我国文化金融发展过程中,也曾出现"邮币卡""明星证券化"等"虚拟化"现象,给文化产业资产市场造成了很大负面影响。在新发展格局下,服务实体经济是文化金融发展必须保持的方向。在当下产业链重构的挑战下,金融"脱虚向实"服务产业链,具有特别重要的意义。自2020年以来,我国文化产业链遭受巨大冲击,很多企业倒闭,国际文化产业合作几近中断。金融服务文化产业的当务之急,是助力重构产业链,积极优化供应链金融,发展产业数字金融,建立文化产业新的竞争优势。

二是需切实服务健全现代文化产业体系和市场体系,优化供给机制和供给体系。自2005年我国提出要"解放和发展文化生产力"以来,积极推动文化体制改革,释放文化产业和文化市场潜能。实践证明,建立健全现代文化产业体系和文化市场体系是推动文化生产和发展繁荣文化的基础,也是文化金融更好发挥资源配置、风险管理等功能的基础。文化金融服务现代文化产业体系建设,要重点服务产业结构调整,要服务产业区域协调发展,服务产业技术创新。文化金融服务文化市场体系建设，不仅要服务文化产品市场，也要服务文化要素市场。

三是需切实服务重大文化产业项目带动战略，优化产品供给质量。党的十七大报告曾提出"实施重大文化产业项目带动战略"，在新发展阶段，在构建新发展格局背景下，党的二十大报告再次提出"实施重大文化产业项目带动战略"。这一战略本质上是一次供给侧结构性改革重大举措，是在困难时期发挥投资拉动作用的战略。文化金融服务重点文化产业项目带动战略，要鼓励金融机构开发重大文化产业项目专属贷款产品、融资租赁产品和保险产品，鼓励通过发行债券为重大文化产业项目融资，支持重大文化产业项目通过发行信托和资产管理计划融资。支持发行REITs和地方政府专项债券推进重大文化产业项目建设。积极推进开发性金融、政策性金融支持重大文化产业项目高质量发展。在鼓励国有文化投资运营公司和平台机构投资运营重大文化产业项目的同时，鼓励社会资本参与重大文化产业项目建设。

2. 完善文化消费金融，服务扩大文化内需战略

消费对经济发展具有基础性作用，促进消费是构建新发展格局的一个重要着力点。服务性消费在居民消费支出的比重接近五成，作用非常明显。在北京等大型城市，服务性消费比重过半，已经成为拉动消费的主力军。在服务性消费中，文化消费与人民生活的幸福感、获得感有紧密关系，满足的多是高层次消费需求，

体现的是人们美好生活水平的高低。从这个角度来看,促进文化消费对扩大整体消费和调整内需结构都具有重要作用。

据国家统计局数据,2013—2019 年,全国居民人均教育文化娱乐消费支出从 1 398 元增长至 2 513 元。近年来,由于新型冠状病毒感染等外部因素的影响,我国文化消费支出有较大的下降,目前我国文化消费占全部消费的比例为 10% 左右。发达国家的文化消费在家庭消费总支出的比例为 30% 以上,我国的文化消费还有较大的增长空间。重振文化消费并跃上更高的台阶,是在扩大内需战略下亟待完成的重要任务。2022 年 12 月,中共中央、国务院印发《扩大内需战略规划纲要(2022—2035 年)》,将扩大内需作为促进我国长远发展和长治久安的战略决策国家,同时国家发展改革委印发《"十四五"扩大内需战略实施方案》。这个方案提出"扩大文化和旅游消费"。2023 年 7 月 31 日,国务院办公厅转发国家发展改革委《关于恢复和扩大消费措施》的通知(国办函〔2023〕70 号),提出丰富文旅消费、促进文娱体育会展消费等文化消费相关内容。

服务文化消费一直是文化金融服务的难点。文化金融既要通过促进文化供给来保障文化消费,同时也要直接开发更多金融产品来支撑文化消费。

一是鼓励金融机构利用成熟模式开发文化消费金融产品。目前已经比较成熟的消费金融服务是个人消费信贷、信用卡、分期、保险、融资性信保等产品。要积极结合文化消费的特点,推动金融机构开展文化消费信贷产品创新,鼓励金融机构与文化企业

（或联合体）发行文化消费联名信用卡，鼓励金融机构与文化企业合作开展分期付款业务。开发为文化消费借贷提供保险保障的信保业务。

二是要鼓励平台企业、文旅企业利用资源优势，积极推动金融服务、消费活动及文化消费平台相结合，创新文化消费场景的金融服务。支持文化企业与金融机构合作，共同创新场景，向场景化文化金融服务延伸。发挥互联网平台在文化消费转化、文化消费数据、消费场景入口等方面的优势，支持互联网文化消费平台与金融机构合作进行分期付款、消费理财等合规的金融产品创新。

三是要积极推动基于文旅融合的消费场景金融产品。文旅融合是新时期文化产业发展的重要趋势之一，应鼓励更多文化类资产开发为旅游项目，开发历史、文化、民族等元素植入较多的文旅融合线路，要推动金融机构、企业及平台共同设计创新分期贷款、分期、先游后付等消费金融产品。

从更长期来看，支撑服务消费全面复苏、稳步增长，还需要进一步提升居民收入水平。我国居民收入结构中，工资性收入占比较大，而财产性收入较少，与居民的储蓄水平并不匹配。居民不是不要财产性收入，而是投资渠道太少。金融服务新发展格局，就要进一步丰富金融产品供给，多渠道增加居民安全稳定的财产性收入，改善居民家庭资产负债表，增强居民消费能力。

3. 提升文化贸易金融，服务高质量文化贸易

构建新发展格局的另一个着力点是推动高水平对外开放和高质量对外贸易。文化贸易是我国对外贸易的重要组成部分。根据商务部公布的数据，2022年，我国对外文化贸易额超过2 200亿美元，同比增长约11%，其中文化产品进出口额1 803亿美元，文化服务进出口额414亿美元。事实上，我们文化贸易在2020年之后遇到的难题，远远超出以往任何时期。党的二十大报告就推动高水平对外开放和高质量贸易作了详尽的要求，其中包括增强国内国际两个市场两种资源联动效应，提升贸易投资合作质量和水平，稳步扩大规则、规制、管理、标准等制度型开放，创新服务贸易发展机制，发展数字贸易等。在当下，我国文化贸易也面临着在新发展格局下如何推动高质量发展的历史性命题。

我国在利用金融支持文化贸易方面起步较早，有较多的政策文件涉及文化贸易金融问题。如2009年5月，商务部、文化部、广电总局、新闻出版总署、中国进出口银行联合印发《关于金融支持文化出口的指导意见》(商服贸发〔2009〕191号)，2014年3月，国务院印发《关于加快发展对外文化贸易的意见》以及2016年印发的《"一带一路"文化发展行动计划（2016—2020年）》等文件。新发展格局下文化贸易金融有何不同？2022年7月，商务部、文化和旅游部等27部门联合印发《关于推进对外文化贸易高质量发展的意见》(商服贸发〔2022〕102号)，这一政策文件由于发文部门之多而引起了广泛关注。文件开宗明义地指出，中共

中央、国务院高度重视推进对外贸易高质量发展、推动中华文化走出去工作。为把握数字经济发展趋势和规律，激活创新发展新动能，推进对外文化贸易高质量发展，更好服务构建新发展格局和文化强国建设。可见，服务新发展格局的文化贸易金融要在以下方面重点把握。

一是以高质量金融服务高质量文化贸易。要服务高质量对外贸易，需要高质量的金融支撑。高质量的金融，首先是要求切实服务实体经济，所以要推动金融服务文化贸易企业，切实为进行文化产品出口的企业提供良好的服务。高质量的金融支撑还要积极利用金融科技创新，优化流程，提高服务质量，同时提高风险管理水平。积极对接市场主体需求，创新服务方式。对接商务部、中央宣传部、文化和旅游部等六部门发起的文化贸易"千帆出海"计划，服务各类贸易平台、骨干企业及供应链小微企业。

二是根据新形势要求切实服务重点对象和重点领域。《关于推进对外文化贸易高质量发展的意见》提出培育文化贸易竞争新优势领域，包括数字文化贸易（包括游戏）、出版物出口和版权贸易、优秀广播影视节目出口、戏剧等文艺精品出口、中华特色文化走出去、文化创意和设计服务出口等六大领域，这些领域都是文化贸易金融要服务的重点领域。要特别关注文化贸易新动能，支持数字文化贸易。对数字化平台企业提供优质供应链金融服务，对数字内容加工"两头在外"企业和项目提供优质服务。积极服务文化贸易的重点市场深度开发，包括区域全面经济伙伴关系（RCEP）东南亚传统优势市场，成熟的欧美市场以及亟待多点突破的"一带一路"市场。

三是积极推动文化贸易金融产品体系化。贸易金融的主要手段包括贸易融资、信保增信及国际贸易结算等。政府部门对文化贸易金融要求的主要内容涵盖了信贷（知识产权质押融资、供应链融资、订单融资等）、债券、保险、担保、创投及股权投资等多种工具和方式，同时支持开展境外人民币贷款业务，推广"信保+担保"模式，发挥服务贸易创新发展引导基金作用等。可见，目前文化贸易金融的手段几乎涵盖了金融服务体系中的大部分金融工具，紧要的是需要结合文化贸易特点积极创新、设计和改造，真正形成文化贸易金融产品体系。

第9讲
以文化金融促进精神生活共同富裕①

【导读】

实现共同富裕，是考验坚持走社会主义道路的重要指标。如何以文化金融促进精神生活共同富裕，是文化金融与共同富裕关系的主要问题。文化金融促进精神生活共同富裕，就是在促进文化生产均衡化、平衡化、均等化之处发挥金融的资源配置功能。从服务对象上来看，文化金融服务共同富裕的几个重要领域有：文化实体经济、公共文化服务、中小微文化企业、中西部文化发展、文化乡建、数字区隔群体等。

社会各界都在积极落实中央关于推进共同富裕的重大战略部署，各级政府部门正在研究推进共同富裕的路径并积极推出相关政策。金融领域也在积极探讨金融与共同富裕的关系问题，通过文化金融助力共同富裕也是其中需要关注的方面。尤其是文化金

---

① 本文原收录在人民日报出版社于2022年10月出版的《金融创新助力共同富裕》（杨涛主编）。

融与文化发展的关系,直接关系到共同富裕中的"精神生活共同富裕"这一重大课题,不能不引起我们的重视。

1. 促进精神生活共同富裕是文化金融与共同富裕关系中的主要问题

根据党中央的战略规划和习近平总书记对共同富裕的重要论述,理解文化金融与共同富裕之间的关系,可以从以下三个层面展开。

第一,共同富裕是我国社会主义发展新阶段的重要任务,是体现我国社会主义性质的重要内容。

2021年10月,《求是》杂志发表习近平总书记的重要文章《扎实推动共同富裕》,明确而清晰地阐述了共同富裕。习近平总书记指出,党的十八大以来,党中央把握发展阶段新变化,把逐步实现全体人民共同富裕摆在更加重要的位置上,推动区域协调发展,采取有力措施保障和改善民生,打赢脱贫攻坚战,全面建成小康社会,为促进共同富裕创造了良好条件。现在,已经到了扎实推动共同富裕的历史阶段。习近平指出,共同富裕是社会主义的本质要求,是中国式现代化的重要特征。

实现共同富裕,是考验我们坚持走社会主义道路的重要指标。为推动共同富裕,党的十九届五中全会做出了重大战略部署。2020年11月,《中共中央关于制定国民经济和社会发展第十四个五年规划和二〇三五年远景目标的建议》公布,提出要扎实推动共同富裕，不断增强人民群众获得感、幸福感、安全感，促进人的全面发展和社会全面进步，同时提出，到2035年全体人民共同富裕取得更为明显的实质性进展。2021年8月，中央财经委员会第十次会议召开，会议指出，我们正在向第二个百年奋斗目标迈进，适应我国社会主要矛盾的变化，更好满足人民日益增长的美好生活需要，必须把促进全体人民共同富裕作为为人民谋幸福的着力点，不断夯实党长期执政基础。2021年12月，中央经济工作会议召开，会议提出，要正确认识和把握实现共同富裕的战略目标和实践途径。

第二，实现精神生活富裕是共同富裕必不可少的重要内容，而促进文化发展是推进精神生活富裕的主要路径。

实现共同富裕不仅是物质上的富裕，更是要实现精神生活与物质生活共同富裕的有机统一。中央财经委员会第十次会议强调，共同富裕是全体人民的富裕，是人民群众物质生活和精神生活都富裕，不是少数人的富裕，也不是整齐划一的平均主义，要分阶段促进共同富裕。会议强调，要促进人民精神生活共同富裕，强化社会主义核心价值观引领，不断满足人民群众多样化、多层次、多方面的精神文化需求。所以，所谓共同富裕，不能脱离精神生活只谈物质生活富裕。

但是要满足人民的精神文化需求，就需要提供充足的精神文化产品供给，提供良好的精神文化消费权益保障，要有足够的体育旅游休闲时间以及公平的教育环境，等等。这些要由不同的部门来承担职责，其中文化产品供给和消费方面，就需要大力促进文化发展，而文化发展又包括公共文化服务水平提升和文化产业发展两大主要内容。所以，要推进精神生活富裕，就要大力提升公共文化服务水平，就要大力促进文化产业高质量发展。

在中共中央、国务院发布的《关于支持浙江高质量发展建设共同富裕示范区的意见》中，围绕构建有利于共同富裕的体制机制和政策体系，提出诸条重大举措，其中将促进精神生活共同富裕作为重要内容，提出"打造新时代文化高地，丰富人民精神文化生活"，并对这一部分做出了专门谋划。随后由文化和旅游部、浙江省人民政府联合印发的《关于高质量打造新时代文化高地推进共同富裕示范区建设行动方案（2021—2025年）》，通过打造文化高地推进共同富裕，提出了具体任务和举措，集中体现了文化发展在推进共同富裕进程中的重要地位。其中，虽然在表述中只在公共文化服务一项提及精神生活共同富裕，但因整体上是通过打造文化高地推进共同富裕，是以文化供给和文化消费为主要内容的，所以理解为从整体上对物质生活富裕和精神生活富裕的共同推进更符合逻辑。

第三，如何以文化金融促进精神生活共同富裕，是文化金融与共同富裕关系的主要问题。

在文化金融和共同富裕的关系中，促进共同富裕有两层含义：一是文化金融通过助力相关领域的物质富裕来促进共同富裕，二是文化金融通过助力精神富裕来促进共同富裕。

业界在讨论金融与共同富裕的关系时，一般都是讨论如何促进物质上的共同富裕问题，讨论如何通过服务实体经济来实现共同富裕，如 2022 年 3 月由中国人民银行、中国银行保险监督管理委员会、中国证券监督管理委员会、国家外汇管理局、浙江省人民政府发布的《关于金融支持浙江高质量发展建设共同富裕示范区的意见》中，提出要贯彻新发展理念，聚焦经济高质量发展的重点领域，优化金融资源配置，提升金融服务质效；探索金融支持科技创新、绿色发展的路径机制，夯实共同富裕的物质基础。这一文件没有涉及金融支持文化发展的问题，甚至也没有涉及如何促进精神生活共同富裕这个问题。这方面被忽略，是金融与文化发展的关系在我国金融发展历程中长期处于较次要地位的惯性造成的。

文化金融促进物质共同富裕当然是题中应有之义。文化金融能够通过服务文化企业、促进就业使较大的文化群体实现财富积累，通过对特定地区的金融支持实现该地区的文化资源转化从而达到物质上的共同富裕。但是，文化金融与精神富裕之间有没有关系？实际上不仅有关系，而且关系很大。因为文化金融是服务于文化发展的，高质量的文化金融，能够促进文化发展的繁荣，能够促进文化产业社会效益和经济效益的统一。所以，文化金融与共同富裕之间的关系，不仅包括促进物质生活共同富裕的问题，而且更重要的是要促进精神生活共同富裕的问题。

综上，金融通过服务文化发展来助力精神生活共同富裕的问题，可能是金融与共同富裕之间的次要问题，但却是文化金融与共同富裕的关系中的主要问题。

2. 文化金融促进精神生活共同富裕的基本机制

文化金融促进精神生活共同服务的基本机制：大力促进以公共文化服务和文化产业为主要内容的文化发展，是满足人们精神领域美好生活需要的主要路径，文化金融通过服务文化发展来满足人们精神需求和消费，从而促进精神生活共同富裕。在这个机制中，需要明确三个问题。

第一，为什么需要精神生活共同富裕？

所谓精神生活富裕，是指满足人们精神生活需求的资源条件、产品供给的富裕程度，既包含数量上的充分，也包含质量上的充实。实现精神生活富裕，是我国社会主义国家性质决定的。邓小平曾说："我们要建设的社会主义国家，不但要有高度的物质文明，而且要有高度的精神文明。"这也是我国当前社会主要矛盾决定的。习近平总书记在党的十九大报告中明确指出："中国特色社会主义进入新时代，我国社会主要矛盾已经转化为人民日益增长的美好生活需要和不平衡不充分的发展之间的矛盾。"所谓美好生活需要，不仅有物质生活需要，还有精神生活需要。

经过数十年艰苦奋斗，得来只有物质富裕而精神贫瘠的社会是我们所不能接受的，在共同富裕进程中忽视精神生活共同富裕是危险的。同时，我们不仅是要与物质生活富裕相匹配的整体上的共同富裕，还要局部之间富裕程度相对平衡的共同富裕，这就是精神生活共同富裕。

第二，为什么是文化金融？

金融与精神共同富裕之间的关系，主要是文化金融与精神富裕之间的关系。通过文化金融服务文化发展，是金融促进精神生活共同富裕的主要路径。所谓文化发展，从政治经济学上阐述为文化生产（与再生产），所谓文化金融，就是通过金融工具、金融机构和金融市场，实现文化生产领域资本要素和金融功能配置的运行体系。①

文化金融是在服务文化生产过程中形成的金融服务及金融市场体系，服务文化生产是文化金融的天职。我国文化金融发展的主体部分是文化产业金融，也就是金融服务文化产业这一部分。多年来，我国文化金融发展已经取得较大的进步，文化金融政策渐成体系，文化金融工具创新和服务创新亮点频出，文化金融市场规模形成了较大的规模。根据中国银行业协会调查数据显示，2015—2020年，30家银行（21家主要银行和9家中小商业银行）文化产业贷款余额年均增长率达17.61%，截至2020年底，30家银行文化产业贷款余额达16 561.5亿元。另据相关数据，截至2020年底，我国文化类专业基金约2 000个，募资总目标规模超过2万亿元，文化产业相关的私募股权融资事件超过2.3万起，总融资规模超过1.5万亿元。②文化产业债券市场和文化企业上市数量也在近十年取得了巨大的增长。这些都为文化金融进一步服务文

---

① 杨涛，金巍.中国文化金融发展报告（2017）[M].北京：社会科学文献出版社，2017：11.

② 杨涛，金巍.中国文化金融发展报告（2021）[M].北京：社会科学文献出版社，2021：7.

生产打下了坚实的基础。

广义上的文化金融，既包含服务文化产业的文化产业金融，同时也包含服务公共文化服务的文化发展金融。所以，文化金融通过服务文化生产来实现精神生活共同富裕，是金融促进精神生活共同富裕的最重要方面。

第三，是什么样的文化金融服务？

文化金融是以文化资产为核心的，是以服务文化生产为天职的，所以文化金融能够在金融与精神生活共同富裕之间建立起一座桥梁。但从文化金融到精神生活共同富裕不是一个简单而直接的过程，我们需要明确什么样的文化金融才能有助于实现精神生活共同富裕。

首先，文化金融服务要符合国家战略，要服从于国家战略。文化金融原本是很小的规模，可以说"无关大局"，但经过十几年发展已经形成了规模，其一举一动都应具有战略视野。共同富裕就是国家战略，区域协调发展和乡村振兴也是国家战略，这些都应该成为文化金融活动的重要指针。其次，文化金融服务要能够真正实现有利于文化生产和产业创新的资源配置作用，文化生产领域能够获得较低成本的融资。当然不仅是资本资源的配置，还有对其他经济资源的引导和配置。当资本真正服务于文化生产，真正向有利于满足人们精神消费的领域倾斜，文化金融与精神共同富裕之间的桥梁才是畅通的。

文化金融服务要建立在高质量的文化金融体系之中。我国文化金融已经经过了一个高速成长期，在新的历史阶段，文化金融必须迈上高质量发展的新台阶。高质量的文化金融，是资本供给有效率的文化金融，是能够保持持续创新能力的文化金融，也是具有生态性和稳定性的文化金融体系。只有高质量的文化金融体系，才能持续提供高质量的文化金融服务。

3. 以文化金融促进精神生活共同富裕的基本内涵

通过发展文化金融来促进精神生活共同富裕，其基本内涵是不仅要促进整体上实现精神富裕，还要在局部之间实现精神富裕的平衡。

第一，就是要促进人们在整体上实现精神富裕，而这种精神富裕是与物质富裕相匹配的富裕。

从整体上实现精神富裕，主要是从整体上促进文化产业发展，同时也要促进公共文化服务的进步，实现资源的有效配置，促进文化产品供给，使社会整体文化生活条件得到提高，这是经济学中的效率问题。要实现文化产品供给的相对充分，不仅有足够的数量供给，而且要有足够的质量供给。世界发达国家的历史轨迹表明，当物质极大丰富的时候，以拜金、享乐为内容的精神堕落倾向就会非常明显，这会导致一系列社会问题。在我国共同富裕的战略下，要实现精神生活共同富裕，就要坚持在文化生产中树立有利于社会发展和人类发展的主流价值观，要"强化社会主义核心价值观引领，加强爱国主义、集体主义、社会主义教育"。

当然，物质生活富裕不能成为精神生活共同富裕的必要前提条件，实际上精神生活富裕也能够弥合物质财富分配相对不均衡的状态。在市场经济条件下，地区之间、城乡之间、群体之间的物质财富分配可能会经常处于动态的不均衡状态，但这不能影响人们在精神生活上追求均等化的权利。

第二，是促进精神生活富裕在局部之间取得相对平衡，不能有严重的不平衡问题。

精神生活共同富裕，还要在各局部之间或各部分之间实现精神文明进步的相对均衡，精神文化产品供给的相对均衡，这是公平问题，也是文化经济学要面对的重要问题。所谓不平衡，主要是地区之间的不平衡，如我国中西部地区与东部地区之间仍存在文化发展上的不均衡，少数民族地区与其他地区之间也存在文化发展上的不均衡。中西部地区、少数民族地区大多数并不缺少文化资源，但大多数缺少将文化资源转化为精神文化产品的机制和办法。还有城乡之间文化发展上的不平衡，尤其是在公共文化服务获得上，农村与城市仍有着巨大的差距。

还有一些是特定群体之间的不平衡，如"数字鸿沟"正在导致老年群体等被数字技术区隔的群体可能无法享受到部分公共文化服务，这是数字经济时代出现的新问题，技术进步导致新的文化消费上的不平衡。

4. 文化金融促进精神生活共同富裕的几个重点领域

文化金融服务不直接提供精神文化产品，但能够通过金融手段进行资源配置，进而达到调节精神文化产品生产的目的。所以，文化金融促进精神生活共同富裕，就是在促进文化生产均衡化、平衡化、均等化之处发挥金融的资源配置功能。从服务对象上可以分为以下几个领域：文化实体经济、公共文化服务、中小微文化企业、中西部文化发展、文化乡建、数字区隔群体。

第一，推动金融切实服务文化实体经济，夯实文化供给的产业基础。

与物质生活富裕的进程相比，精神生活整体上处于贫乏的状态是不争的事实，与物质消费的可选择性比较起来，人们往往无法在供给短缺的精神文化产品市场找到合适的产品。提高我国整体文化生产水平应是补短板的主要路径，那么如何提高整体的文化生产水平？文化产业是文化生产的重要组成部分，当前我国主要的文化供给是由文化产业提供的，所以发展高质量的文化产业，是丰富人们精神文化消费的基础，也是促进精神生活共同富裕的基础。

以文化金融促进精神共同富裕，总体上仍是要发展高质量的文化金融，切实服务于文化产业的发展，更宽泛些，是要切实服务文化实体经济的发展。文化金融服务文化发展，核心的问题仍是降低融资成本，尤其是文化产业的融资成本，应切实让文化产业和文化企业从金融体系中获得支持。我国产业发展融资成本过高早已成为业界诟病，这是整个实体经济的问题，更是文化产业的问题。开发性金融参与文化产业建设是一条有益的探索路径，文化和旅游部联合国家开发银行制定和发布了《关于进一步加大开发性金融支持文化产业和旅游产业高质量发展的意见》，重点任务是支持重点重大项目建设，支持试点示范工作推进，支持产业创新发展，支持各类市场主体发展壮大以及支持产业国际合作。但是仍需要更多的商业金融机构参与到文化产业中。

应持续鼓励文化金融创新，包括文化金融工具（产品）创新、组织创新和服务创新，这事关资源配置效率的提升。文化生产的主体是内容生产，独特的产品形态和独特的生产形式要求金融创新要另辟蹊径，而不是一把尺子量所有。围绕版权的金融创新是未来文化金融创新的重要方向。当然，鼓励创新，也要注意规范发展，规范的金融服务有助于减少分配上的不平等。

服务文化实体经济，要特别警惕文化产业资本市场的虚拟经济成分，防止投资资本成为"主流"，文化产业资本市场的资本空转游戏最终都会形成泡沫，只是造就了少部分富人，毫无意义。防范文化金融领域的风险，从长期来看就是为服务文化实体经济打造良好的环境，也就是为共同富裕打造良好的金融基础。

第二，推动金融支持公共文化服务，促进文化供给均等化。

公共文化服务是共同富裕中最为基本的部分，说其基本，是因为这部分不同于产业发展，这部分主要由财政支付支撑，属于二次分配领域，主要保障精神文化产品的基本供给和相关权利，保障不同地区、不同群体的文化供给相对均等化，着眼点是公平，是保底的部分。习近平在中央财经工作第十次会议上指出，要强化社会主义核心价值观引领，加强爱国主义、集体主义、社会主义教育，发展公共文化事业，完善公共文化服务体系，不断满足人民群众多样化、多层次、多方面的精神文化需求。

公共文化服务的供给主要是通过政府进行调节和配置的，但市场和金融并非无所作为，而是能够发挥重要作用。例如，政府和社会资本合作即 PPP，一些具有公共属性的可经营性文化项目采用了这种模式，政府也鼓励这种模式，文化和旅游部、财政部出台了《关于在文化领域推广政府和社会资本合作模式的指导意见》（文旅产业发〔2018〕96 号）。又如社会资本可以通过参与基础设施公募 REITs，重点支持具有一定公共服务属性的文化基础设施建设，如自然文化遗产开发项目、文化产业园区项目以及文旅融合景区等项目中的相关基础设施。通过政策性银行对公共文化服务设施建设给予低息贷款等支持，也是金融服务公共文化事业的重要组成部分。

第三，发展普惠性文化金融，培育中小微文化企业健康融资环境。

在市场经济条件下，由于资本逐利性特征，金融资本的配置在长期内会集中于大型企业、国有企业和一些优质项目，形成资本供给的马太效应。一些不需要资本的企业门口挤满资本，而中小微企业却求告无门。马太效应是一种惯性，也可能形成恶性循环，仅靠市场自然选择而不加干预是无法解决的。

中小微文化企业占所有文化企业的 98%，提供了 80% 以上的就业，在文化生产体系中不可或缺。中小微文化企业的绝大多数又都是民营企业，在风风雨雨的市场经济中历练，往往都是依靠自身顽强的生命力存续下来。国家正在大力发展普惠金融，在文化产业也要发展文化普惠金融,推动文化金融服务均等化,保障中小微企业获得金融服务的权利。中小微文化群体是大众文化产品的重要供给方,不仅有利于助力物质生活共同富裕,更有利于精神生活共同富裕。

近年来,我国实施了一系列政策,包括使用了一些有效的金融工具,如两个直达实体经济的货币政策工具(普惠小微企业贷款延期支持工具、普惠小微企业信用贷款支持工具),中小微文化企业也有所惠及。但仍需要结合文化企业特点,推动更具精准性,提高文化金融普惠覆盖率,提高文化金融普惠的可得性。值得借鉴的是湖北省的探索,2021年,中国人民银行武汉分行发布《关于用好普惠金融政策支持中小微文化企业和旅游企业繁荣发展的若干措施》,其有很多专门针对文化和旅游企业的措施,如鼓励以经营性固定资产贷款、景区收益权质押贷助力文化企业和旅游企业盘活存量资产等。

第四,鼓励金融支持区域协调发展战略,探索绿色金融文旅领域应用,促进中西部文化发展。

文化金融是随着文化产业振兴开始勃兴的,所以文化金融发展较好之地,多是东部地区金融发达且文化产业基础较好的城市或地区,如北京、深圳、上海、南京、宁波、杭州等文化金融中心城市,示范性和辐射力都较强。但中西部也有一些城市取得了较大发展,如成都、西安、武汉等。在我国区域协调发展战略下,不仅要进一步发挥原有文化金融中心城市的示范作用,更要发展中西部有特色的文化金融发展模式,如昆明、南宁发展结合面向东盟文化贸易的文化金融，甘肃和新疆发展面向"一带一路"文化合作的文化金融等。应积极鼓励金融参与区域文化产业合作，推动东中西部产业能级传递，促进形成以"带""链"为纽带的一体化发展格局。应在有条件的中西部地区将文化金融纳入全国性区域金融改革试点，也可扩展一些，将文化和旅游金融作为改革试点。

中西部地区尤其是西部地区，多为文化资源和旅游资源丰富的地区，适合具有低碳、环保、生态特点的综合型文旅集聚项目发展，应积极探索绿色金融支持中西部文旅产业发展新路径。我国正在推动的六省（区）九地绿色金融改革创新试验区建设，六省（区）为浙江、江西、广东、贵州、甘肃和新疆，其中新疆有三地（哈密市、昌吉州和克拉玛依市），研究结合绿色金融改革创新，拓展绿色金融在文旅领域应用，有利于进一步推动中西部地区文旅产业发展，从而丰富精神文化产品供给和消费。

第五，鼓励金融支持文化乡建，弥合城乡间文化发展的巨大差距。

虽然我国全面建成小康社会的目标已经基本实现，但是仍有很多短板，其中城乡之间仍然存在的巨大差距就是短板之一。2019年，我国城乡居民收入比为2.64∶1，城镇居民人均可支配收入为42 359元，农村居民人均可支配收入为16 021元，这也极大地制约了缩短城乡之间的精神文化消费差距的努力。

我国政府正在积极推动乡村振兴战略，2021年1月中共中央和国务院印发《关于全面推进乡村振兴加快农业农村现代化的意见》，为"十四五"时期乡村振兴战略提出了具体的部署，中国人民银行

第二章 大视野：文化金融要服务国家战略

联合乡村振兴局等有关部门根据这一部署又发布了《关于金融支持巩固拓展脱贫攻坚成果、全面推进乡村振兴的意见》，提出在八个方面加大对重点领域的金融资源投入，在有限的与文化相关的部分，我们看到的是鼓励金融"创新支持休闲农业、乡村旅游、农村康养、海洋牧场等新产业新业态的有效模式"等少数内容。这些至少能够为乡村文化建设和文明建设提供良好的基础。2022年4月初，文化和旅游部联合国家乡村振兴局及国家开发银行等部门发布《关于推动文化产业赋能乡村振兴的意见》，文件对金融支持乡村振兴有了较为具体的内容：国家开发银行在符合国家政策法规、信贷政策并遵循市场化运作的前提下，按照"保本微利"的原则，对乡村文化和旅游项目提供包括长周期、低成本资金在内的综合性优质金融服务支持。鼓励金融机构因地制宜、创新产品，通过上门签约、灵活担保、主动让利等多种方式，为乡村文化和旅游经营主体提供信贷支持。引导各类投资机构投资乡村文化和旅游项目。鼓励保险机构开展针对乡村文化和旅游项目的保险业务。

可见，城乡之间表面上是精神文化消费之间的差距，实际上还有很多问题需要纳入文化金融的视野。目前看主要方面有：广大农村地区公共文化服务基础设施建设问题，无数"乌兰牧骑"式的基层文化团体的文化生产问题，基于农村文旅产业的创客创新创业问题，大量非物质文化遗产的产业化问题，乡村文化产业数字平台应用问题，等等。以文化助力乡村建设，可称为文化乡建，文化产业可赋能乡村建设，艺术可助力乡村振兴，金融需要找到服务文化乡建的结合点。事实上，城乡间在文化上达到完全均等化是不可能的，但仍需尽可能弥合差距。

第六，发展基于数字向善的数字文化金融，促进数字文化消费均等化。

数字技术和数字经济正在改变很多我们以往惯常的逻辑，这是一个时代性话题。我们仍要补齐以往那些拼图，但现在必须将数字的因素考虑进来，因为数字正在对社会进行新一轮切割，形成新的文化不平衡群体。必须承认，所谓精神文化产品的生产或消费，会在不长的时期内完成基本的数字化迁徙。而在这个过程中，美国学者泰普斯科特在《数字经济时代》中称"数字区隔"（digital divide）的现象越来越明显，现在很多人把这个叫作"数字鸿沟"。数字鸿沟使一部分人能够生活在数字化世界，而另一部分人生活在非数字化的折叠世界。后者可称为数字区隔群体，他们正在失去数字文化消费的权利，这些数字区隔群体以老年人居多，当然还有其他人群，如低教育水平人群、农村留守人群、残障人群等。

数字时代的文化金融与精神生活共同富裕的关系，可能需要落脚到数字文化金融这个命题上，也就是金融如何服务数字文化这个命题，数字文化可以是数字文化产业这个范畴，也可以是数字文化经济这个范畴。无论是什么范畴，从共同富裕这个视角上，就是要聚焦到数字向善这个问题上。这个问题的核心是在数字文化生产时，本着效率与公平兼顾的原则，生产何种产品、提供何种传播渠道、向谁提供服务等。资本在数字文化生产当中正在扮演着各种各样的角色，但那些数字向善的企业才是资本真正值得关注的企业。

第10讲

在U40的思考：金融如何赋能乡村文化振兴①

【导读】

　　终于要回归到坚实的大地上，回到文化的原乡。金融服务乡村振兴与金融服务"三农"有代际差异，因而金融如何赋能乡村文化振兴也需要新思维。在乡村振兴战略下，乡村产业是新发展阶段的现代乡村产业，金融赋能乡村文化振兴的核心，就是在现代乡村产业大盘之中服务文化相关的那一部分。

　　首先要祝贺第十四届"U40文化产业暑期工作营"②成功举办！特殊时期，三年不见，久违了。我参加了U40创始以来其中的五届活动，对U40有着深厚的感情。本届的主题是"乡村振兴

---

　　① 本文根据作者在2023年8月举办的第十四届"U40文化产业暑期工作营"上的讲座课件整理。

　　② U40文化产业暑期工作营是2013年由中国社会科学院文化研究中心、云南大学国家文化产业研究中心共同发起的公益项目，是专门针对文化产业青年学者的免费短期交流培训计划。

与艺术乡建",在此非常高兴有机会就乡村文化振兴这个有温度的话题和大家交流。下面是我关于金融赋能乡村文化振兴的一些看法。

1. 关于乡村文化振兴的一点认识

与乡村文化振兴相近的有一个社会学意义的概念,就是"文化乡建"。文化乡建是当下乡村振兴这个运动中的一个美丽乐章,正吸引着很多向往美好生活的人。这十几年,出现了很多文化乡建的案例,早期的山西和顺县许村的"许村计划"、广东佛山市顺德村的"青田模式"、安徽黟县"碧山计划",近年来的四川"白马花田营造计划"、浙江宁海"葛家村艺术试验"、成都明月村陶艺"新村民"项目等。很多艺术家、教授和知识分子在广阔田野上描绘着乡村建设蓝图,延续着晏阳初、陶行知、卢作孚乡村建设的理想,将文化乡建设计理念注入大地上。

陶行知先生有一段知名的演讲中说道:"中国的乡村教育走错了路。他教人离开乡下向城里跑,他教人吃饭不种稻,穿衣不种棉,盖房子不造林……他叫富的变穷,穷的变得格外穷。"这段话是在1926年说的,但我感觉一百年后的今天,有些情况依旧没有改变,这可能是我们乡村文化振兴面临的严峻问题之一。乡村教育是乡村文化振兴很重要的内容,甚至是其中最重要的环节,因为乡村教育事关人本身。多年前我恰好数次去过平民教育家晏阳初的家乡四川省巴中市,参加一个支教助学活动。其实我不知道

第二章 大视野：文化金融要服务国家战略

是否应该对孩子们说，你们要好好学习走出大山，但你们一定要回来改变家乡。所以，在当下我们讨论文化乡建和艺术乡建，我们需要面对每一个微小的个体，我们需要从更多的视角认识当下的乡村文化振兴，认识乡村振兴战略。

乡村文化振兴是乡村振兴战略的重要组成部分，是乡村"五大振兴"的基本架构内容之一。"五大振兴"包括产业振兴、人才振兴、文化振兴、生态振兴、组织振兴，是习近平总书记在2018年对实施乡村振兴战略作出重要指示时提出的。自2017年乡村振兴战略作为国家战略在党的十九大报告首次提出以来，中共中央、国务院连续出台了《乡村振兴战略规划（2018—2022年）》等一系列政策文件，乡村振兴工作得到了很大推进，乡村文化振兴也赶上了繁荣发展的历史机遇。现在我们已经宣布实现"小康"，乡村振兴也进入新阶段，党的二十大报告提出"全面推进乡村振兴"，并再次提出要扎实推动乡村产业、人才、文化、生态、组织振兴。

乡村是文化的原乡，支持乡村文化振兴，文化金融义不容辞。我们可以看到，在乡村振兴战略当中，乡村文化发展与发展乡村产业、建设生态宜居乡村等重要工作内容紧密联系在一起。这些工作与每一个微观主体都息息相关。我们不能将乡村文化振兴当作一个实现自我的理想，而是要把注意力放在乡村百姓和乡村发展的真实需要上。资本如何进入乡村的问题，金融如何赋能文化乡建的问题，都应切实考虑到人本身的真实需要。

2. 积极争取利用多种资金来源和资本供给

从目前乡村振兴的资金投入来源来看，仍主要是财政性投入。国家提出了乡村振兴战略财政投入保障制度，在一般性公共财政预算方面正在向"三农"倾斜，原"中央财政专项扶贫资金"已经更名为"中央财政衔接推进乡村振兴补助资金"，用于支持巩固拓展脱贫攻坚成果同乡村振兴有效衔接工作。此外，中央规定一些财政收入直接用于乡村振兴，如土地出让收入、高标准农田建设等新增耕地指标交易收益、城乡建设用地增减挂钩节余指标跨省域调剂所得收益等。

金融资本和工商资本（包括外资）通过什么渠道参与乡村振兴？主要还是信贷、债券、股权资本投资等渠道，另外资本也可以通过公益慈善形式参与乡村建设（如表2-1）。我在这里列举了资金和资本渠道，乡村文化振兴建设都可积极争取利用。

无论是国有资本还是民营资本，参与乡村振兴的基本形式是投资，有投资就需要有回报。所以投资什么、投向哪里、回报率如何等这些问题就显得尤为重要。就乡村文化振兴而言，不同模式适用不同的资金投入方式。

我比较认同北京大学向勇教授总结的乡村文化振兴（文化乡建）的四种模式[①]：文遗乡建，主要基于乡村文化遗产的开发；文

---

① 向勇.文化产业赋能乡村振兴的理论与方法——以白马花田营造社的创新实践为例[J].艺术管理（中英文），2023，01.

第二章 大视野：文化金融要服务国家战略

表2-1 乡村振兴资本投入的主要来源

	方式/工具	机制/计划/战略	相关数据/事例
债券	· 地方政府发行一般债券用于支持乡村振兴领域公益性项目 · 地方政府试点发行项目融资和收益自平衡的专项债券 · 企业债券（2023年3月起统一归口证券会发审） · 公司债券	地方政府债券发行管理办法（2022）； 地方政府专项债券发行管理办法（2015） 《公司债券发行与交易管理办法》（2021）	成都天府农博园：总投资64亿元，其中专项债券资金21亿元，"农业+"乡村振兴、"数字农博+乡村振兴"的综合服务平台 广东省广新控股集团有限公司在深交所发行的2021年乡村振兴专项公司债券（第一期）；江西省交通投资集团有限责任公司在上交所簿记发行的2021年乡村振兴专项公司债券（第一期）
信贷	· 小额信用贷款 · 产业带动贷款 · 新型农业经营主体贷款产品 · 创业担保贷款政策 · 农村资产抵押质押贷款 · 农业农村基础设施建设贷款	· 农村普惠金融、专业化、"三农"金融服务供给机制 · "银税互动""银信互动"	· 从2012年到2022年，涉农贷款余额从17.6万亿元增加至49.25万亿元 · 云南省政府与中国农业银行签署金融支持乡村振兴和绿色经济发展合作协议
股权资本投资	· 工商资本：投资产业 · 产业基金：投资新经济 · 外资：现代农业、产业融合、生态修复、人居环境整治和农村基础设施等	· 社会资本投资农业农村指引 · 农村基础设施和公用事业领域PPP、REITs · 全产业链开发、区域整体开发模式	浙江安吉县政府产业基金、浙江安吉两山私募基金管理有限公司等20多只基金，100亿元以上规模
其他形式	金融资本、社会资本通过公益基金/社会组织慈善		中国乡村发展基金会与腾讯公益慈善基金会联合开展的"活水计划——乡村振兴重点帮扶县基层社会组织赋能行动"

教乡建，基于乡村教育、支教；文艺乡建，基于艺术家艺术行为；文创乡建，以项目和产业形态呈现，运用文化创意手段，发挥市场化资源配置机制，推动乡村文化资源的创造性转化和创新性发展。从资本来看，有些需要公共财政投入的比例较大，金融资本和社会资本以公益基金会等形式参与更适合，如文教乡建；有些则是金融资本和社会资本能够更多参与的，如文艺乡建和文创乡建，其中很多项目是产业性质的，产业化程度较高的项目，资本都比较容易进入。文遗乡建则介于以上两者之间，资本如何进入要看文化遗产项目的市场化开发程度。

要利用资本，就要关注国家利用资本支持乡村振兴的总体政策，而不是仅仅局限在文化方面。因为所谓乡村文化振兴，实际上与乡村振兴战略的其他方面都有密切的关系。需要特别关注"社会资本投资农业农村指引"。农业农村部与国家乡村振兴局在《社会资本投资农业农村指引（2022年）》中鼓励13个重点产业和领域（现代种养业、现代种业、乡村富民产业、农产品加工流通业、乡村新型服务业、农业农村绿色发展、农业科技创新、农业农村人才培养、农业农村基础设施建设、数字乡村和智慧农业建设、农业创业创新、农村人居环境整治、农业对外合作），其中大部分都与乡村文化振兴有直接的关系。

金融主管部门出台了一系列政策支持乡村振兴战略，这些政策是文化金融赋能文化乡建的重要依据。2021年7月，中国人民银行、国家乡村振兴局等部门联合印发了《关于金融支持巩固拓展脱贫攻坚成果、全面推进乡村振兴的意见》，提出在八个重点领

第二章 大视野：文化金融要服务国家战略

域重点投入，同时提出要"丰富服务乡村振兴的金融产品体系"。2023年6月，中国人民银行、国家金融监督管理总局、证监会、财政部、农业农村部等五部门联合发布《关于金融支持全面推进乡村振兴加快建设农业强国的指导意见》，共九项二十九条，大多数内容与乡村文化建设关系密切，如"加大乡村产业高质量发展金融资源投入""优化和美乡村建设与城乡融合发展金融服务""提升农村基础金融服务水平"（普惠金融、信用体系、消费者保护等）。地方政府和区域发展层面，也有很多金融支持政策出台，如2021年重庆市印发的《重庆市深入推进金融支持乡村振兴政策措施》（渝府办发〔2021〕151号），2022年中国人民银行营业管理部、北京市地方金融监督管理局等六部门发布的《关于金融支持北京市全面推进乡村振兴的实施意见》，等等。

文化主管部门积极推动文化产业赋能乡村振兴，在相关政策中鼓励金融赋能乡村文化振兴。2022年4月初，文化和旅游部、国家乡村振兴局、国家开发银行等部门联合印发《关于推动文化产业赋能乡村振兴的意见》。这一文件在金融和资本如何支持乡村振兴方面有较为具体的内容，注重发挥重点项目的引领带动作用，注重开发性金融服务保障，鼓励各地创新信贷、投资、保险等文化和旅游金融服务。根据这一文件，文化和旅游部、教育部、自然资源部、农业农村部、国家乡村振兴局联合印发了《文化产业赋能乡村振兴试点工作方案》。

现在我们有了乡村振兴领域的首部法律，即《中华人民共和国乡村振兴促进法》。在这部法律中明确规定了国家在利用资本支持乡村振兴方面的义务，如：国家综合运用财政、金融等政策措施，完善政府性融资担保机制，依法完善乡村资产抵押担保权能，改进、加强乡村振兴的金融支持和服务；国家健全多层次资本市场，多渠道推动涉农企业股权融资，发展并规范债券市场，促进涉农企业利用多种方式融资；国家建立健全多层次、广覆盖、可持续的农村金融服务体系，等等。这些条款是我们利用金融手段服务和赋能乡村文化振兴的重要法律依据。

3. 金融赋能乡村文化振兴的核心：现代乡村产业

在乡村振兴战略下，所谓乡村产业，应不同于以往任何时期的农业相关产业形态，而是面向新发展阶段、面向未来的现代乡村产业。

金融赋能乡村文化振兴的基础是产业项目。根据当前的政策和实践，需要关注有哪些重点领域的产业项目，使用什么样的金融工具和服务方式。

第一，产业发展是金融服务乡村文化振兴的重点领域。产业是金融服务的基础。金融是经济属性的，所以金融服务本质上是市场驱动的，要依靠服务经济和服务产业实现价值。乡村振兴战略下有很多产业要发展，金融大有可为。根据国家战略规划要求，金融支持全面推进乡村振兴，其中的重要领域是乡村产业的发展，我国将加大乡村产业高质量发展金融资源投入。现代乡村产业是现代乡村经济的主体，是现代新经济的重要组成部分。现代乡村产业发展，关键是高质量发展和富民，要重点支持现代乡村服务业和新产业和新业态。在众多涉农产业当中，与乡村文化振兴相关的领域较多，农业农村部等部门在全国推动实施"一县一业""一镇一特""一村一品"计划，中西部地区多与文旅主题相关。文化和旅游部在文化产业赋能乡村方面划定了文化产业八大重点领域：创意设计、演出产业、音乐产业、美术产业、手工艺、数字文化、其他文化产业、文旅融合。其中，需要特别关注乡村文旅产业的数字化、文旅融合等业态，这些是新业态，能够为乡村文化振兴带来新动力，资本也比较关注这类业态。

第二，服务产业项目是金融服务乡村文化振兴的基本路线。立足产业发展，重点是项目、项目、项目。对于一个战略规划，上项目，抓投资，是最切实的落脚点。根据经验，有了项目，比如省级或国家级重大文化产业项目，资金方面的很多问题都能解决。根据文化和旅游部等有关部门的规划，目前鼓励金融支持的文化相关的项目类型主要是：农耕文化产业展示区项目；特色文化产业乡镇、文化产业特色村和文化产业群项目；传统工艺产品项目、传统节日文化用品项目，民间艺术及民俗表演项目；乡村文旅融合项目等。文旅部与农业农村部等部门联合推动文化产业赋能乡村振兴试点，农业农村部、国家乡村振兴局推动的"百县千乡万村"乡村振兴示范创建工作也能够容纳很多乡村文化产业项目。另外，围绕乡村工匠"双百双千"培育工程相关产业发展政策，可以提供项目贷款、创业贷款等服务。

第三，创新利用多元化金融产品是金融服务乡村文化振兴的主要手段。

中国人民银行等部门在支持乡村振兴相关政策中,对金融产品创新和利用作出明确要求。文化和旅游部等部门在相关政策中鼓励各地创新文化和旅游金融服务,鼓励"一行一策"、精准滴灌,鼓励扩大普惠金融范围等。除了要积极创新金融服务,还需要更多鼓励金融产品和工具的细化,并下沉到具体行业和企业,服务到具体项目。在主要的大类中,信贷和股权投资方面需要做的工作较多,需要突破服务"三农"的传统思维,适应现代乡村经济的发展形势。要充分利用政策性金融、开发性金融的长周期、低成本资金优势,积极服务产业发展。应关注乡村文化产业供应链金融的改造,以产业数字金融模式推动新金融服务创新。

第二部分

技术变革与体系构建

- 推动技术变革是应对复杂环境变化的战略选择之一。
- 数字技术正在从两个路径影响文化金融变革。
- 文化金融的创新,是一种体系化的创新,覆盖产品、机构、市场以及基础设施方面的全链条创新。

第三章

技术变革:数字时代与文化金融数字化

第 11 讲

金融科技发展与文化金融体系重构[①]

【导读】

　　互联网和数字技术在金融领域的应用，在我国体现为互联网金融和金融科技两个阶段。推动技术变革是应对复杂环境变化的战略选择之一，国家对金融科技的应用非常重视，给文化金融变革与进一步发展提供了良好环境。多年来，文化金融领域的金融科技应用虽然不尽如人意，但仍有一些值得关注的进展。

　　推动技术变革是积极应对复杂环境变化和挑战的重要战略选择之一。2015 年开始，我们就开始关注区块链等金融科技在文化金融发展中的作用问题。五年来，金融科技与数字技术飞速发展，正在重塑金融体系，也对文化金融的产品、渠道和市场产生重大影响，正在重构文化金融体系，形成新的文化金融形态。

[①] 本文根据作者在 2020 年 10 月 24 日举办的"中国（南京）文化和科技融合成果展览交易会"之"金融科技助力文化金融高质量发展论坛"上的演讲整理。

1. 备受国家重视的数字技术与金融科技

2019年10月24日，中共中央政治局进行第十八次集体学习，学习主题是区块链技术发展现状和趋势。在这次集体学习中，习近平总书记强调，要把区块链作为核心技术自主创新重要突破口，加快推动区块链技术和产业创新发展。这不仅给一度沉寂的区块链行业打了一针强心剂，同时也为数字技术与金融科技业界输入一股春风。

党中央非常重视数字技术的发展情况，从中央政治局最近四次的集体学习内容就可见一斑。2017年12月8日，中央政治局集体学习内容是"实施国家大数据战略"；2018年10月31日，学习内容是"人工智能发展现状和趋势"；2019年10月24日，学习的内容是"区块链技术发展现状和趋势"；前几天，也就是2020年10月16日，学习的是"量子科技研究和应用前景"。自科技强国战略实施以来，从来没有如此重视数字技术的进步，可见，数字技术在经济发展、国家发展和全球竞争中的重要性都得到了高度重视。

金融领域的科技应用，也就是金融科技（FinTech），其中的主要技术都是数字技术。欧美国家非常重视金融科技与数字金融的发展，相继出台了一系列政策和法案，如欧盟刚刚出台的新数字金融一揽子计划。我们周边的日、韩等国家也不甘落后，韩国在2020年2月已经出台数字金融和金融科技年度计划。

我国在金融科技方面出台的政策密度也比较大。2017年5月，为加强金融科技工作的研究规划和统筹协调，中国人民银行成立了金融科技委员会。2019年8月，中国人民银行印发了《金融科技（FinTech）发展规划（2019—2021年）》，在"强化金融科技合理应用"中列出的关键共性技术包括大数据、云计算、人工智能、分布式数据库、网络身份认证。这个文件当时没有将区块链技术明确列入，与此前的监管背景有关。除此之外，地方政府部门也都期望通过发展金融科技更好地完成金融工作任务，发布了多个政策文件。以下为近两年来我国各级部门出台的具有代表性的金融科技相关政策文件（见表3-1）：

表3-1　2020年我国各级部门出台的金融科技相关政策

发布时间	地区	政策文件	发文部门
2018.10.22	北京	《关于首都金融科技创新发展的指导意见》	北京市金融工作局、中关村管委会、西城区政府、海淀区政府
2018.11.9	北京	《北京市促进金融科技发展规划（2018年—2022年）》	中关村科技园区管理委员会、北京市金融工作局、北京市科学技术委员会
2018.10.28	广州	《广州市关于促进金融科技创新发展的实施意见》	广州市金融工作局
2019.4	成都	《关于支持金融科技产业创新发展的若干政策措施》	—
2019.5.30	杭州	《杭州国际金融科技中心建设专项规划》	浙江省发展和改革委员会、浙江省地方金融监督管理局、杭州市人民政府
2019.10.30	上海	《关于促进金融科技发展支持上海建设金融科技中心的指导意见》	中国人民银行上海总部
2020.1.8	上海	《加快推进上海金融科技中心建设实施方案》	上海市人民政府办公厅

续表

发布时间	地区	政策文件	发文部门
2020.4.7	重庆	《重庆市人民政府办公厅关于推进金融科技应用与发展的指导意见》	重庆市人民政府办公厅
2020.5.6	成都	《成都市金融科技发展规划（2020-2022年)》	成都市人民政府、中国人民银行成都分行

2. 金融科技促进产业创新与金融变革

互联网时代，技术推动实现了商业大迁移，人们现在已经依靠互联网平台和移动互联平台进行各类商业经济活动和文化消费活动。电子商务、搜索引擎、即时通信和网络文娱是互联网时代最典型的形态。

如今，大数据技术（数据生产技术、流转技术、存储技术、分析技术）和云计算的应用，将经济和商业运行的平台推向更高的层面；区块链技术应用已延伸到数字金融、物联网、智能制造、供应链管理、数字资产交易等多个领域；人工智能正在发挥"头雁"效应。除此以外，VR/AR/MR 等计算机仿真与模拟技术、量子科技、5G/6G 等，也都在加快通用化步伐，迅速进入生产生活领域。

互联网和数字技术在金融领域的应用，在我国也体现为互联网金融和金融科技两个阶段。金融稳定理事会（FSB）关于金融科技的定义被广泛采用：金融科技是指技术带来的金融创新，它能创造新的业务模式、应用、流程或产品，从而对金融市场、金融机构或金融服务的提供方式造成重大影响。这里所谓的"技术"现在看来主要是数字技术。

我国在由互联网金融转向金融科技之时，关注的技术重点非常直接，被归纳为"ABCD"，即大数据、云计算、人工智能、区块链。在波士顿咨询公司（BCG）2017年发布的《全球金融科技的发展趋势》报告中，将金融科技分为大数据、人工智能、互联技术（移动互联、物联网）、分布式技术（云计算和区块链）及安全技术（生物识别和加密）五大类。2018年和2019年连续两年国家金融与发展实验室发布的《中国金融科技运行报告》中基本采用了与波士顿咨询类似的分类方式，而在业务范畴基本采用了巴塞尔委员会的分类方式。

金融科技的发展，正在变革金融功能和金融体系。从支付宝到微信支付，我们已经领略了被称为新四大发明之一的高效便捷支付手段；运用大数据的资本市场，正在提供更真实的价格信号；金融机构运用大数据和人工智能，能够为更多的群体提供融资服务，同时也为自身提供了更好的风险管理手段。这些变化，都将直接反映到文化金融领域的融资和风险管理当中。

2020年1月，中国人民银行发布了首批金融科技监管创新试点名单，被称为中国版"监管沙盒"，试点在北京，有6个项目上榜；2020年4月，中国人民银行在上海市、重庆市、深圳市、河北雄安新区、杭州市、苏州市等6市（区）扩大金融科技创新监管试点，此后这些城市和地区先后发布第一批创新试点应用公示。

金融科技企业已成业界"宠儿"。2015年是我国新增金融科技公司数量最高峰，达到 654 家，2015 年之后，每年新增数量逐步下滑，2019 年的新增数量只有 17 家。在金融风险管控日益趋严的环境下，合规的金融科技企业（金融机构持牌系、互联网巨头系、专业技术系等）的实力则在迅速提升，已经出现蚂蚁金服、陆金所、微众银行、京东数科、旷视科技、商汤科技、金融壹账通、度小满金融等金融科技明星企业，其中蚂蚁金服的估值已经超过 2 000 亿美元。这些企业主要分布在北京、上海、深圳、杭州等城市。

3. 金融科技正在重塑文化金融

技术发展对文化金融的影响来自两个路径：一是技术改变传统金融的体系和形态，形成新金融形态，体现为金融科技的驱动作用，在供给侧起到推动作用，这部分是文化金融变革的主要路径；二是技术推动文化产业变革，形成新兴文化产业，主要是数字文化产业，体现为文化科技的驱动作用，这部分在文化金融需求端起到拉动作用（见图 3-1）。

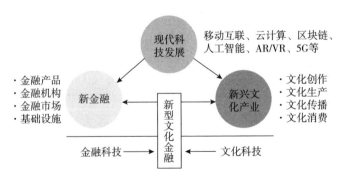

图 3-1 技术进步推动新型文化金融形成的两个路径

第三章 技术变革：数字时代与文化金融数字化

2016年末，我应邀在光明网上写了一篇对2016年进行简要总结的文章，我在文章中指出，文化金融发展在局部领域也迎来了调整期，技术对文化金融发展的影响在2016年显得尤其明显起来。随着金融科技和互联网金融的崛起，文化金融的发展迎来新的机遇，大数据、云计算、区块链等技术与文化金融发生更加紧密的关系。[①] 2019年底，我在发表在《当代金融家》杂志上的一篇文章总结了文化金融十年发展历程，认为从2012年起，技术的进步，尤其是互联网信息技术、数字技术的变革对文化金融的影响逐步增强。[②]

经过多年的发展，文化金融领域的金融科技应用虽然不尽如人意，但仍有一些值得关注的进展。目前金融科技与文化金融应用关系密切的有这样几个方面：大数据主要应用于文化信贷、文化保险、文化信托与艺术品财富管理、文化金融风险监管；云计算主要应用于文化信贷、文化金融风险监管等；区块链主要应用于文化小贷、文化资产交易、文化企业信用管理等；人工智能主要应用于文化信贷、艺术品财富管理等。当然这些都是从关系的紧密程度而言，这种关系也是动态的，比如人工智能在文化保险领域的应用也是值得探索的。实际上技术应用也不是单一使用的，很多数字技术本身都是相互辅助支撑的，单一的技术无法实现效能，如大数据和云计算技术的融合应用。

---

① 金巍.文化金融发展的四个发力点［Z/OL］.光明网，2016.
② 金巍.文化金融十年：在创新与变革中成长［J］.当代金融家，2019.

数字技术在信贷市场、债券市场、保险市场、融资担保市场、私募股权投资市场、资管与信托市场都会得到深入应用。在文化领域，金融科技的应用场景主要有：了解客户（KYC），文化企业征信，文化资产估值，文化资产证券化，文化数据资产，文化小贷，文化众筹，文化企业供应链金融，文化消费金融，文化产权交易，艺术品投资顾问，等等（如图3-2）。

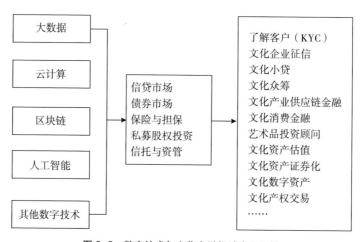

图3-2　数字技术与文化金融领域应用场景

以上的应用场景是较早时期开始的观察和积累，主要是从金融科技当前技术可实现性、项目落地情况以及市场需求等维度上总结的，有些已经有垂直项目落地，如艺术品物流区块链应用，有些还没有具体项目，但相信很快就有实际的应用。从技术到场景，金融科技将对文化金融产品创新、机构服务与治理、市场变革、基础设施完善都起到重要的推动作用，尤其是在基础设施方面，文化金融将迎来体系重构的新时代。

文化金融领域是相对小的领域，金融科技应用推广起来比较困难，需要更多人共同努力。建议金融监管部门对金融科技的文化金融应用项目重点扶持，推动文化金融相关项目进入扶持创新项目库和清单；推动金融机构利用金融科技开发服务文化产业领域的系统和平台，积极鼓励金融科技企业与银行等机构合作开发垂直应用系统；深化与普惠金融、科技金融、自贸区金融服务相结合，利用好已有的金融科技平台资源；在国家大数据体系建设等架构下推动文化金融服务的技术开发。

第12讲

数字经济背景下文化金融变革的两条路径①

【导读】

数字技术正在从两个路径影响文化金融变革。一是改变传统金融的体系和形态，形成新金融形态，起到文化金融供给侧的推动作用；二是推动文化产业变革，形成新兴文化产业，对文化金融变革有需求端拉动作用。

经过艰苦的努力，抗击新型冠状病毒感染斗争已经取得了重大战略成果，在这里要向武汉这座英雄的城市致敬。当前疫情仍然是最大的不确定性，国际经贸局势也不明朗，国内经济下行已成定局。发展数字经济是我们当下能够寄予希望的重要战略选择之一。基于文化发展和软实力建设的重要性，文化金融发展也要紧紧抓住数字经济发展机遇，分别从供给端和需求端着手，探索新路径，实现新突破。

---

① 本文根据作者在2020年12月23日举办的"湖北金融支持文化和旅游产业发展研讨暨项目对接会"上的演讲整理。

1. 数字经济、金融科技及文化产业数字化

数字经济发端于20世纪末,与信息经济、互联网经济并行,似乎隐藏在我们迎来的信息经济和互联网经济时代的背后。但是数字技术的力量无法掩盖,就这样一飞冲天。十年来,数字经济浸透于我们的生产和生活的方方面面,数字经济终于站在了时代潮头。

日益发展的数字经济改变了生产生活,也改变了经济学研究的视野,在工业经济时代产生的理论范式受到了巨大的挑战。数字经济背景下,各种新模式、新业态涌现出来,呈现了不同视角的经济形态,我们以往接触到的互联网经济、平台经济、共享经济、数据经济,等等,都可以看作是数字经济发展的一个侧面。

从20世纪90年代以来,数字经济开始受到世界主要经济体的重视。1998年美国商务部发布了《浮现中的数字经济》报告,2000年美国又发布了《数字经济2000》报告,揭开了主要发达经济体向数字经济迈进的序幕。我国从21世纪初重视信息经济发展和互联网经济发展,先后提出信息强国战略和"互联网+"行动,应该说我国的数字经济是从信息经济和互联网经济形态开始,逐步成为国家战略内容的。2017年全国两会期间,数字经济纳入了政府工作报告。2016年9月,二十国集团(G20)峰会在中国杭州举办,首次将"数字经济"列为G20创新增长蓝图中的一项重要议题,并发布了《二十国集团数字经济发展与合作倡议》,我国政府在国际数字经济合作与促进行动中起到了关键作用。

根据中国信通院发布的数据显示,2018年我国数字经济的增

加值为 34.8 万亿元人民币，GDP 占比达到 30%，其中产业数字化占比 27.6%。合 4.7 万亿美元，相当于美国数字经济规模的 38%。2019 年，我国数字经济进一步发展，增加值规模达到 35.8 万亿元人民币，占 GDP 比重为 36.2%，其中产业数字化部分 29.0%，数字产业化部分 7.2%。

数字经济的发展对文化金融而言，存在两个方面的重大影响。

一方面是文化金融数字化，也就是我们常说的金融科技应用。有学者已经将金融科技应用称为数字金融。应用于金融领域并引起金融服务模式变革的技术及形成的相关新兴业态，被称为金融科技。从互联网金融到金融科技，是平台主导型向技术主导型的一种转变，这与我国前一阶段的监管形势有关，更主要的原因是数字技术的进步。我们现在说的金融科技中的技术，主要是数字技术应用，包括大数据、云计算、区块链、人工智能、数字孪生等。所以金融科技的承续，实际上已经是数字金融。

另一方面是文化产业数字化。2012 年，中共中央办公厅、国务院办公厅印发的《国家"十二五"时期文化改革发展规划纲要》就提出要"实施文化数字化建设工程"。如今，文化产业数字化已经成为国家战略，文化和旅游部也提出了高质量发展数字文化产业的相关文件。数字经济对文化产业的影响，更宽一些的概念可能是数字文化经济。数字文化经济比文化产业数字化及数字文化产业的范畴要广一些，包含更多内容，需要进一步研究。

所以，在数字经济和数字技术发展背景下，文化金融变革的两条路径，一是数字技术从供给端变革文化金融，形成更高效的产品和服务创新，为文化经济提供更好的金融服务；二是数字文化经济的发展，使文化金融需求端发生巨大的变化，数字化成为文化经济和文化产业的主旋律，金融服务需要做相应的基于需求的服务变革。

2.技术改变文化金融供给端，提升文化金融服务能力

近几年各级政府和金融监管部门出台了很多金融科技促进政策，极大促进了金融科技的进步，如 2018 年发布的《北京市促进金融科技发展规划（2018—2022 年）》，《关于首都金融科技创新发展的指导意见》以及《广州市关于促进金融科技创新发展的实施意见》；2019 年发布的《关于促进金融科技发展支持上海建设金融科技中心的指导意见》，2020 年 1 月发布的《加快推进上海金融科技中心建设实施方案》，2020 年 5 月发布的《成都市金融科技发展规划（2020—2022 年）》，等等。在上海证券交易所发布的《上海证券交易所科创板企业发行上市申报及推荐暂行规定》中，已经将金融科技纳入行业领域范围。

中国人民银行《金融科技（FinTech）发展规划（2019—2021 年）》中提出，到 2021 年，建立健全我国金融科技发展的"四梁八柱"，进一步增强金融业科技应用能力，实现金融与科技深度融合、协调发展，明显增强人民群众对数字化、网络化、智能化金融产品和服务的满意度，推动我国金融科技发展居于国际领先水平，实现金融科技应用先进可控、金融服务能力稳步增强、金融

风控水平明显提高、金融监管效能持续提升、金融科技支撑不断完善、金融科技产业繁荣发展。

金融科技的进步,对文化金融的影响主要表现在服务和体系两个方面。

一是借助金融科技,金融机构大大提升服务质量。我们在一些银行营业厅已经看到了无人值守的设备可以为客户提供快捷的服务,这只是技术进步的冰山一角,科技进步的首要作用是"提质增效"。金融科技的应用,将大大降低服务成本,提高服务效率,从而全面提升金融服务质量。在文化方面,运用大数据技术,金融机构能更好把握文化金融客户的需求,并有针对性地为其开发文化金融产品。大数据和人工智能的应用,将大大提升普惠金融服务水平,使服务能惠及更多的中小微企业。智能投顾的兴起,引发了艺术品财富管理的服务模式变革。由于服务方式的变化,会直接推动财富管理机构的小微化和服务的人群平民化。

二是文化金融体系发生变革,基础设施开始数字化转型。体系变革体现在产品、机构、市场和基础设施等多个方面。比如,可能很快就有智能银行专门服务于文化企业,还可能很快就有文化数据交易所。基础设施方面的变化会更明显,金融体系大规模实现"云迁移",基础设施发生了本质变化;大数据征信技术展现了全新的信用管理能力,助力文化企业征信和文化产业信用全新体系的构建;大数据等数字技术应用产生巨量数据资产,文化数据资产评估与管理作为一种文化金融基础设施,能为文化金融产品创新、机构运营和市场成长提供基础保障。

3. 技术改变文化金融需求端，倒逼文化金融服务模式转型

文化金融服务的对象发生变化，服务的关注点就会变化，这是需求端拉动的文化金融变革。近年来，相关部门推出了文化产业数字化相关政策，尤其是刚刚提出的文化产业数字化战略，这些都将极大地改变文化产业。

2017年5月，中共中央办公厅和国务院办公厅印发的《国家"十三五"时期文化发展改革规划纲要》在文化数字化方面有多处着墨，包括：推进数字图书馆建设；加快发展网络视听、移动多媒体、数字出版、动漫游戏、创意设计、3D和巨幕电影等新兴产业；加强文化资源的数字化采集、保存和应用；推进文化典籍资源数字化；提高数字文化产品的国际市场竞争力，等等。2017年9月，文化部印发《关于推动数字文化产业创新发展的指导意见》，指出数字文化产业已成为文化产业发展的重点领域和数字经济的重要组成部分。党的十九届五中全会审议通过的《中共中央关于制定国民经济和社会发展第十四个五年规划和二〇三五年远景目标的建议》明确提出"实施文化产业数字化战略，加快发展新型文化企业、文化业态、文化消费模式"。为落实文化产业数字化战略部署，2020年11月，文化和旅游部印发《关于推动数字文化产业高质量发展的意见》，这是国家层面关于数字文化产业发展的宏观性、指导性政策文件，既与《文化部关于推动数字文化产业创新发展的指导意见》一脉相承，也应对新型冠状病毒感染等因素造成的复杂形势提出了新的目标。

文化产业数字化是数字文化经济发展的重要组成部分,将改变文化金融服务视角和关注点,形成新的文化金融服务模式,主要有以下两个方面。

一是文化生产形态的变化促使文化金融服务场景创新。数字技术推动形成文化产业的新业态、新模式。数字技术和数字基础设施已经成为许多文化企业的基本生产资料,数字技术成为生产系统、经营系统和决策系统的基础支撑。数字技术已经成为一些文化装备制造企业和平台企业的核心竞争力。基于互联网技术、数字技术和平台的新商业模式层出不穷,芒果超媒、字节跳动(今日头条、抖音、火山视频)等新媒体企业表现尤为突出。数字技术正在改变文化消费模式,爱奇艺、阅文等消费平台企业正在通过数字技术转型升级。文化生产形态的变化决定了文化企业价值的变化,金融机构和资本需要基于新的文化生产方式对企业进行评估,也需要基于新的文化生产方式提供新的产品服务,形成新的服务场景。

二是文化企业资产形态变化推动文化企业价值评估模式变革,其中一个重要的趋势是文化数据资产将成为最重要的文化资产之一。文化生产数字化,是创作、生产、流通、传播、消费各个环节的数字化,会使用大量的数据,也会形成海量的数据,这些数据都是资产。文化数据资产的特征是承载了文化信息。2020年4月,中央文化体制改革和发展工作领导小组办公室发布了《关于做好国家文化大数据体系建设的通知》(文改办发〔2020〕3号文),由国家层面推动文化大数据体系建设,对文化领域数据资产的管理体系构建具有极大意义。文化企业资产形态的改变，必将促使金融机构或投资机构重新审视自己的评估模型，这个方面比当初的无形资产评估评价还要困难，但这是大趋势。

总之，数字经济变革正在深刻改变着金融体系，也在为文化产业注入新的动力和活力。数字化金融服务系统正在形成，新的文化业态和新的资产结构也在形成，数字经济将重构新时代文化金融。

第13讲

以产业数字金融模式推进文化金融服务创新[①]

【导读】

发展文化产业是我国文化强国建设和国家文化软实力提升的重要内容。在数字经济时代，产业数字金融模式是利用数字化机遇更好服务文化产业的重要路径之一。银行、证券、保险、资管等金融机构正在加速提升数字化进程，文化产业也将在这一轮加速进程中受益。

文化金融是服务文化产业的特色金融业态，在高质量发展背景下，文化金融面临新的挑战。数字经济时代，文化金融应充分利用数字技术，与数字金融融合发展，增强文化产业服务的核心能力。这就涉及一个当前重要的命题，即产业数字金融。在产业数字金融视角下，需要明晰文化金融发展的创新机理和路径，在数字化时代实现文化金融服务的质的飞跃，达到切实服务文化产业发展和文化实体经济的目的。

---

① 本文原载于《当代金融家》（2023年第9期）。

第三章 技术变革：数字时代与文化金融数字化

1. 从产业金融到产业数字金融

业界对产业金融的认识仍有较大的差异。从金融机构视角上，所谓产业金融是对特定产业提供金融服务的业务形态，要根据产业特点制定金融服务方案，目的是服务产业发展，促进经济进步。我国产业金融以银行业为主要供给方，以供应链金融为主要业务和工具，在房地产、交通、能源、汽车等产业领域进行了多年的实践，推动了产业发展。我国文化产业发展也得到了金融机构的大力支持，是产业金融发展历程上的独特篇章。

数字经济时代的产业金融如何变革受到业界的关注。从金融科技到数字金融，不过短短六七年时间，人们对数字技术在金融领域应用的认识有了很大的变化。国家统计局在《数字经济及其核心产业分类统计（2021）》中将"数字金融"作为重要业态之一。2022年1月发布的《"十四五"数字经济发展规划》明确提出，要大力推进产业数字化和金融数字化。数字金融如何服务产业，以及产业金融如何数字化转型，迅速进入业界的讨论范畴。人们认为产业金融的发展在数字化时代将迎来跃升的机遇，而产业金融的数字化，被称为产业数字金融。

平安银行原行长邵平将产业数字金融看作产业金融发展的全新阶段，认为产业金融的第一阶段是以银行对公业务为代表的产业金融1.0阶段，第二阶段是以供应链金融为代表的产业金融2.0阶段，而以产业数字金融为代表的全新的产业金融3.0阶段是第三阶段。邵平认为，数字经济时代，产业数字金融作为全新的3.0

阶段，数字技术与金融服务在产业上的紧密结合，是金融科技的下一片蓝海，是金融服务实体经济的重要创新应用。

2022年1月发布的《关于银行业保险业数字化转型的指导意见》（以下简称《意见》）明确提出要"积极发展产业数字金融"，至此，产业数字金融成为政策文本认同的一个新概念。《意见》关于发展产业数字金融的任务主要有：支持国家重大区域战略、战略性新兴产业、先进制造业和新型基础设施建设，打造数字化的产业金融服务平台；围绕重大项目、重点企业和重要产业链，加强场景聚合、生态对接，实现"一站式"金融服务；推进企业客户业务线上化，加强开放银行接口和统一数字门户建设；推进函证业务数字化和集中化；利用大数据增强普惠金融、绿色金融、农村金融服务能力等。

银行、证券、保险等金融机构都在积极推动金融服务数字化转型，原有的产业金融服务板块要实现数字化，传统的金融服务部门要借助数字金融提升服务能力，也有一些机构成立了专门的产业数字金融部门。2021年5月，华夏银行成立了产业数字金融部，同年6月，华夏银行实现首笔产业数字金融业务落地。华夏银行将数字产业金融定义为：产业数字金融依托产业生态，以产业生态协作体系中的商贸流、物流、服务流、信息流、资金流等数字信息为基础，运用现代数字科技的技术为产业生态提供综合数字化金融服务。可以看到，金融机构在产业数字金融的认识上更加关注生态和业务场景。

根据前期研究、产业实践及政策内容，产业数字金融的关键词集中在技术、数据、平台、场景、业务、供应链、产业链等层面上。这些关键词串联了产业数字金融的基本架构。一是底层数字技术，大数据、物联网、区块链、人工智能、隐私计算等技术的应用，使产业链和供应链平台数据透明、真实并无法篡改，实现可信可用，数据资产可穿透，实现新的数据信用。二是数字化平台，不同于零售和消费金融，产业金融服务B端，数字技术的应用体系需要建立在产业互联网基础上，这时的数字平台是金融机构的数字化产业金融服务平台与产业互联网平台（交易、制造、流通等平台）的兼容与融合。三是业务和场景，技术和数据都在驱动新融业务和场景，但这些新业务和场景主要是在产业链和供应链数字化基础上呈现的。

2. 产业数字金融视角下如何认识文化金融创新

产业数字金融视角下文化金融如何更好服务文化产业？根本上是文化金融服务的数字化创新问题，这种创新我们可以称为文化产业数字金融。结合产业数字金融的基本框架，认识文化金融创新可从以下几个方面展开。

第一，创新的基础设施是由底层技术和数字平台构成的。产业数字金融的基础动力是技术变革，底层技术是产业数字金融架构的基本支撑。数字技术为文化产业金融服务提供更多创新可能，数字技术保障数据可信可用，数字资产可穿透。文化产业数字金融体系运转的核心是数字化产业金融服务平台＋文化产业数联网

（数字化时代文化产业互联网）。前者是金融机构构建的综合服务平台以及专门服务文化产业的行业性垂直平台，后者则是在新基建之上构建的文化产业数字化网络，这两部分保证资本市场的供给方和需求方都"在线"。

数据将成为金融机构的重要资产，而以往我们常将数据视为要投入的"成本"。可计量、可流通的数据资产将成为产业数字金融服务体系能否成功的关键。在需求端，文化产业和文化企业的数据要素和数据资产将重塑金融服务体系的信用评价模式，从一般主体信用和资产信用向数据信用、行为信用模式转型。

第二，创新的业务场景主要在数字化供应链和产业链当中。产业金融以供应链金融服务为核心形成了较为鲜明的阶段性特征。数字化时代，供应链仍是产业数字金融的基本业务场景和"骨架"。供应链金融以供应链上的所有企业为服务对象，通过应收账款融资、库存融资（货物质押融资）以及预付款融资等工具为企业提供融资服务，供应链上企业之间的互信互保为供应链金融提供征信基础，这在数字化时代仍是主要业务逻辑，只不过管理平台和业务场景都迁移到了数字化网络当中。在实践中，文化产业供应链金融虽然还不成熟，但基本遵循了一般供应链金融的逻辑，当前的问题是如何利用数字化机遇实现转型升级。基于产业链和供应链的差异，产业数字金融需要在供应链金融数字化基础上，递进到产业链层面，即多维度供应链金融的体系，这样才能实现数字时代的产业金融生态。数字技术和数字平台正在为这个由点及面的"化反"过程提供有力支撑。

第三，产业金融的文化产业适用性在数字化时代有所提升。产业数字金融如何能服务好文化产业？这要看这种金融服务的文化企业适用性。传统的产业金融模式对文化产业的适用性较其他产业低，在文化产业内部差异性也较大。比如供应链金融的适用因行业不同而有较大差别，文化制造业似乎比内容生产行业更具备适用性，因为文化制造业的核心企业规模更大、业务模式更稳定、整个供应链的征信更有保障、供应链金融工具的适用性也更强。在数字化时代，行业间差异的影响可能将大大缩小，起决定性作用的是供应链企业在文化产业数联网中的稳定性，也就是企业生产、流通和消费与数字网络空间是否具有高关联度。在文化产业中，以数字化为主要生产方式的数字文化企业先天具有数字化基因，更适合数字化生存，因而可能更早适应产业数字金融服务体系。

3. 如何以产业数字金融模式推进文化金融服务创新

发展文化产业是我国文化强国建设和国家文化软实力提升的重要内容。在数字经济时代，产业数字金融模式是利用数字化机遇更好服务文化产业的重要路径之一。银行、证券、保险、资管等金融机构正在加速提升数字化进程，文化产业也将在这一轮加速进程中受益，但我们仍需要结合文化产业发展的特点，推进有特色的文化产业数字金融模式。

第一，以政策驱动与市场创新联动，推进文化产业数字金融创新。在"十四五"相关文化发展规划中，发展文化金融的内容虽然有所丰富，但在文化金融利用数字技术方面仍较少关注。但也有一些部门已经认识到文化金融数字化的重要性，并将其纳入政策视野，如2022年深圳市发布的《关于推进文化与金融深度融合发展的意见》提出，整合文化产业集群供应链生产资源和信贷资源，推动产业链上下游企业稳定供给关系，实现信用互保，打造大数据支撑、网络化共享、智能化协作的智慧供应链金融体系。政策驱动对文化金融的发展具有关键作用，建议政策关注文化金融数字化问题，尤其是在文化金融专项政策中将文化金融的数字技术应用、文化金融与数字金融融合等问题作为重要内容。政策驱动能够引导和推进更多机构开展文化产业数字金融的创新，与市场创新形成联动。

第二，以技术与数据驱动业务，提升文化金融服务质量和效率。虽然文化金融发展在整体上取得了巨大的进步，但前期仍是以规模增长为主要特征，在质量发展和规范发展方面都有所欠缺。技术进步给文化金融服务体系变革带来了前所未有的机遇。数字技术变革与以往技术革命不同之处在于数据成为生产要素，是技术与数据的"双驱动"。推进文化产业数字金融模式，将大大提升文化金融服务质量和效率，降低服务成本，同时能够有效防范文化金融服务的市场风险。应鼓励金融机构在产业数字金融平台建设中，着力文化金融服务场景，以技术推动业务创新，以数据驱动模式创新，优化文化企业服务流程。创新行业和垂直应用模块或子平台，利用大数据和人工智能更好地了解客户，更有针对性地设计产品并进行数字化营销。鼓励金融服务平台与文化产业数联网平台融合对接。推动文化数据资产评估体系建设，为产业金融服务提供保障。

第三，以部门协同助力信用重构，提升文化产业普惠金融服务水平。中小微文化企业融资难、融资贵难题一直困扰业界。文化产业当中，中小微企业比重较大，这些企业虽然规模小却是文化创新的重要力量，也为稳定就业做出了重要贡献。中小微企业融资难题，很重要的原因之一是企业征信问题，而征信问题很重要的障碍是多部门协同问题。要推动金融机构利用技术进步和数据要素化趋势，重构中小微文化企业信用评估评价体系，让在线的市场主体通过数据呈现融资能力。推动部门协同，建立银税之间、银商之间的信息共享机制，以及建立公共数据与企业数据结合机制，为中小微企业精准画像，服务供应链和产业链的产业数字金融，使更多小微文化企业享受普惠金融服务。

第14讲

从数据要素到数字资产①

【导读】

数字资产可以既包含一般性的数据资产,也包含数字化原生类金融资产。我们需要在数据的生产要素性这个前提下,推动数据资产或数字资产的流通交易。非同质化代币(NFT)和数字藏品具有一定的探索价值,但要和社会生产和实体经济发展紧密结合起来。我们需要在数据的生产要素性这个前提下,推动数据资产或数字资产的流通交易。

当下业界讨论数字资产相关问题比较热烈,探讨的语境不同,背景不同,含义也大不相同。既有数据交易方面的,也有直接指向虚拟货币、NFT 与数字藏品方面的。目前市场上发行的 NFT 与数字藏品产品大多数是文化艺术领域的,文化产业研究界也比较关注这个方面。下面我结合文化领域,就数字资产问题谈几点看法。

---

① 本文根据作者在2022年9月6日人民网主办的"数字资产交易行业发展趋势研讨会"上的发言整理。

第三章 技术变革：数字时代与文化金融数字化

1. 战略背景：数字经济国家战略与数字文化经济浪潮

文化领域的数据资产和数字资产议题，要放在国家战略的背景下考虑。主要是两大战略背景：一是国家数字经济发展战略，二是国家文化数字化战略。

党的十八大以来，发展数字经济逐步成为国家战略。习近平总书记在《求是》杂志上发表的一篇重要文章强调，面向未来我们要站在统筹中华民族伟大复兴战略全局和世界百年未有之大变局的高度，不断做强做优做大我国数字经济。[①] 在这样的战略要求下，我们需要不遗余力推动数字经济发展。数字经济的三个关键点是数据要素、平台网络和技术应用，目前看最有特点也是最难的是数据要素这一部分。

发展数字经济战略背景下，国家文化数字化战略被提上议事日程，在"十四五"规划和"2035年远景目标"当中，这个战略包括文化产业数字化和公共文化服务数字化建设两个部分。中共中央办公厅和国务院办公厅印发的《关于推进实施国家文化数字化战略的意见》提出，到2035年建成物理分布、逻辑关联、快速链接、高效搜索、全面共享、重点集成的国家文化大数据体系。在国家文化数字化战略推进中，国家文化大数据体系建设工程具有基础设施作用。该文件还提出了八大任务，其中提到要加快文化产业数字化布局，在文化数据采集、加工、交易、分发、呈现

[①] 习近平. 不断做强做优做大我国数字经济［J］. 求是，2022（2）.

等领域,培育一批新型文化企业,引领文化产业数字化建设方向。

在这样的战略背景下,我们可以观察当前的文化经济和数字经济融合趋势,已经逐步形成了数字文化经济浪潮。当前,数字文化经济政策日渐密集,强力推动数字文化经济变革;集群式数字技术广泛应用并进入文化企业生产和居民文化消费领域;文化经济多形态加速数字化进程,数字文化业态在文化经济结构中日益居主导地位。值得关注的一个趋势是,文化数据资源正在成为文化生产的关键要素,经过确权、评估,成为可计量有权属的重要资产。这个方面虽然看起来还不明显,但趋势是不可逆的。

2. 文化数据资产与文化数字资产

数据要素在微观层面上就是数据资产和数字资产问题。在产业界,提起数字资产,一般就是专指虚拟货币(不含央行发行的数字货币)和NFT等数字技术原生类金融资产。从这个角度上来看,数字资产与数据资产是不同范畴的概念。但也有一些专家认为数字资产就是数据资产,是以电子数据形式存在的非货币性资产。在实践当中,交易所机构在探索交易产品品种,有的指向数据资产,有的指向虚拟货币或NFT,我看也是"各揣心腹事"。

已经有一些大型企业在数字化创新和管理时将以数据为核心的资产统称为"数字资产"。今后,将数据资产和数字资产统称为数字资产未必不可,那么数字资产就既包含了一般性的数据资产,也包含了数字化原生类金融资产。从这个角度来看,所谓文化数字资产可以包括以下两类。

第一类是文化数据资产。在数字技术条件下，一切皆可以数码形态存在于数字空间，文化数据信息都可以数码形态储存，如数据库等形式呈现的数据资源，以及以知识产权产品形态呈现的数字化文化资产，如数字出版物。在数字经济运行体系中，文化数据资源将成为经济活动中可确权、可评估、可交易的资产，但是这一发展趋势的成熟度仍待观察。

第二类是原生的类金融资产，包括具有一定货币性质的虚拟货币（如比特币），还有就是非货币性质的原生数字资产（如NFT、数字藏品）。前者在我国基本没有合法生存的可能，至少当下的监管态度是禁止的。虚拟货币这类数字资产在数字经济当中到底会承担什么角色，未来将会向何处去，政府部门和经济学界还都未能取得共识，不能简单下善恶是非的结论。但从政府部门角度来看，虚拟货币的市场化行为对当下经济运行的影响程度是其如何采取行动的标准之一，目前看这种资产已经冲击了国民经济体系尤其是主权货币体系。

很多机构都在探索数据交易或数据资产交易，新一代的数据交易机构也成立了起来，一些文化产权交易所也将文化领域的数据资产交易作为业务转型方向之一。在这过程中，也进行了能不能进行数字资产（实际上就是NFT）交易的探讨。建议当下还是要把关注点放在第一类资产上，也就是文化数据资产，这个方向基于文化生产要素的逻辑，在交易市场上的探索容易走得通。

3. 关于 NFT 与数字藏品的几点看法

NFT 和数字藏品已经在文化和艺术领域引起了很大反响。这不仅是文化问题，也是经济问题，同样，这个问题还是文化金融研究非常关注的问题，是数字时代文化金融发展必须面对的问题。

第一，关于 NFT 和数字藏品的性质。我国的数字藏品与国外的 NFT 有一定的区别，是一种变异，目前没有二级市场交易，看起来也遥遥无期，很多大平台都在"打退堂鼓"。从 NFT 和数字藏品的产生及应用，尤其从国外实践来看，NFT 和数字藏品仍有相对较强的虚拟经济基因。有人把 NFT 和数字藏品的二级市场想象成一个类证券化交易市场，我认为这不现实。NFT 和数字藏品作为商品是被认可的，那么可以顺理成章地进入商品交易市场，再进一步是要素交易市场。目前看其社会生产相关性仍需要强化，否则也很难进入要素交易市场。

第二，关于 NFT 和数字藏品的监管。截至目前，我国金融监管部门、文化主管部门以及法律界在 NFT 数字藏品方面都没有明确的法规性文件出台。但金融监管部门的态度是相对明朗的，那就是将风险可控作为第一原则，没有大的必要性，是不会允许 NFT 这类产品成为类金融资产的，那样很容易触碰金融风险管控的红线。这从 2022 年 4 月，中国互联网金融协会、中国银行业协会、中国证券业协会联合发布的《关于防范 NFT 相关金融风险的倡议》中可见一斑。这虽然只是以行业协会名义发布的，但监管态度一目了然。

第三，关于投资NFT和数字藏品的问题。从投资角度来讲，我觉得数字资产在未来肯定是一个很好的投资选项，但不一定是现在的NFT，也不一定是现在的数字藏品，可能是其他称谓的数字资产。但要认识到，从数字资产到真实的财富管理选项，仅能够满足一时的投机需求是不可以的，而是需要很多条件才能实现。从长期来看，数字资产作为普及性的投资品，需要具备权属合规性、技术稳定性和社会生产相关性等条件。权属合规性是指在数字空间形成的这些数字资产具有明确的产权归属并得到法律认可和保护；技术稳定性是指这些数字资产的不可灭失，同时也包括保障资产体系运行的平台技术的稳定；社会生产相关性最重要，比如门票和入场券类数字藏品就具有文化生产相关性，有进入市场交易的可行性。这至少是第一步，其次才是考虑数字资产通用性的问题。

总之，数据资产和数字资产问题，在数字经济国家战略背景下具有重要的研究价值和实践意义。我们需要在数据的生产要素性这个前提下，推动数据资产或数字资产的流通交易，NFT和数字藏品具有一定的探索价值，但要和社会生产和实体经济发展紧密结合起来。社会生产相关性较弱的都不容易被监管部门认可，我们经历过各类虚拟泡沫，不能在类似的问题上总是摔跟头。

第15讲

文化金融与元宇宙：一个分析框架[①]

【导读】

从金融科技到数字金融，技术路线是连贯的，但时代背景、参与主体、技术层级、实现空间都发生了变化。元宇宙的技术系统为金融元宇宙提供了技术逻辑基础，但金融元宇宙仍有技术逻辑的不同之处。我们要在金融元宇宙基本技术逻辑和经济逻辑下，从服务对象出发，理解文化金融元宇宙的特异性，探寻文化金融元宇宙的基础架构、基本问题和意义。

元宇宙是数字技术进步至今关于未来网络世界的一种新叙事。现代数字技术在逻辑上正在无限接近建立新型数字网络空间，在这个网络空间中人们可以实现很多以往不敢奢望的梦想，当下技术进步的诸多努力正在被纳入元宇宙叙事体系当中。[②]元宇宙正在帮助人们摆脱生产生活中的一些固有藩篱，对金融领域也是如此。

[①] 本文是作者撰写《中国文化元宇宙白皮书·文化金融元宇宙卷》时形成的前期研究纲要，为该课题的阶段性成果。

[②] 金巍. 数字文化经济浪潮[M]. 北京：中译出版社，2022.

第三章 技术变革：数字时代与文化金融数字化

从金融科技到数字金融，再到金融元宇宙，人们正在探索金融发展的新路径。

1. 金融元宇宙的技术逻辑与经济逻辑

（1）从金融科技、数字金融到金融元宇宙：为何体现为新叙事

技术推动金融实现变革的历史久远，但从没有像今天的数字技术这样具有颠覆性。20世纪中后期，信息技术开始应用于经济领域，金融体系出现电子银行、在线股票交易等新形态。金融服务的信息化就是金融科技应用的前奏，但之所以没有被称为金融科技（Fintech），根本原因是技术没有发展到逻辑变化的程度。21世纪初以来，随着大数据、云计算、人工智能、区块链等技术的不断成熟，技术公司率先启动了试图"替代"传统金融业务模式的方案，信用、资产、风险等所有关键节点，都开始重新定义。所以金融科技启动的既是技术逻辑变化也是业务逻辑的变化。

从金融科技到数字金融，技术路线是连贯的，但时代背景、参与主体、技术层级、实现空间都发生了变化。将金融科技纳入世界数字经济潮流和国家数字经济战略，视野非同以往。数字经济的特征不仅是一场技术革命，更将数据带入了生产要素的领域。同样，数字金融与金融科技的不同之处，是数字技术与数据要素的"双轮驱动"，金融科技本质上还是互联网经济时代的产物，而数字金融是数字经济的产物。

元宇宙是一种新叙事，它形成了数字经济背景下发展新型

数字网络的共鸣与合力。按照引爆元宇宙产业的游戏公司罗布乐思公司（Roblox）的阐述，元宇宙具有八个关键特征：身份（Identity）、朋友（Friends）、沉浸感（Immersive）、低延迟（Low Friction）、多样性（Variety）、随地（Anywhere）、经济（Economy）、文明（Civility）。八大特征，还有一些特征也在逐步显现，如交互、数据、新生态、万物互联等。智慧制造、航空航天、交通、医疗、智慧数字园区、网络游戏、网络社交、网络购物、文博展示、文旅等领域也在构建很多元宇宙场景。很多行业都有研究和研发试图建立行业元宇宙，2023年8月29日，工业和信息化部、教育部、文化和旅游部、国务院国资委及国家广播电视总局联合印发《元宇宙产业创新发展三年行动计划（2023—2025年）》，这是第一个国家级有关元宇宙发展的政策性文件。金融领域的元宇宙式的变革已经开始，但看起来是比较谨慎的。江苏银行、招商银行等机构开始以金融元宇宙为服务变革方向进行尝试，一些专家正在以元宇宙视角进行研究，而政府部门主要还是以"数字化转型"为关键词推动新的变革。

金融元宇宙是在数字经济背景下基于系统性应用和未来网络空间构建的数字金融形态。这是金融科技、数字金融与原本并不源于金融体系的"元宇宙"的融合。以元宇宙方式来叙事数字金融，将金融科技到数字金融的变化进行了全新的标识。

综上，金融元宇宙在狭义上是基于系统性应用和未来网络空间构建的，以虚实空间结合为特点的数字化金融运行体系，这个含义在范畴上聚焦于"集成"与"空间"。但从广义上来看，也可以将服务于集成与空间的所有前置的技术应用也作为金融元宇宙的外围范畴，这时，金融元宇宙与数字金融的范畴是相近的。

（2）金融元宇宙要如何实现技术逻辑

技术逻辑体现技术性能、功能、层次、关联以及应用路线。元宇宙的技术逻辑起点并非关于虚拟世界的小说，而是被不断验证的科学研究成果。由于区块链、Web3.0作为技术思想的出现，元宇宙的经济系统支撑得到完善。而人工智能（AI）与大模型技术，则是起到了加成和加速的作用。当然支撑元宇宙的技术系统更为复杂，需要硬件系统、操作系统、显示系统和内容生产系统的相关技术。

在《元宇宙产业创新发展三年行动计划（2023—2025年）》中出现的元宇宙关键技术是数据流通技术、内容生产技术、数字孪生技术、感知交互技术、网络与计算技术等。除此以外，还有一些关键技术是元宇宙必不可少的，包括区块链技术、人工智能技术等。这些技术的集成，依着构建虚拟世界的目标，将元宇宙的蓝图逐步勾画出来了。

元宇宙在消费（娱乐和游戏）领域比其他领域更明显地展示了实现技术逻辑的可能性，在工业和企业领域的技术应用也正在突飞猛进之中。对金融领域来说，元宇宙应用正在寻找发展平衡点。金融元宇宙以元宇宙的通用技术系统为技术逻辑基础，但其中仍有不同之处。

在去中心化金融（Decentralized Finance，简称为DeFi）兴起之时，技术逻辑清晰但理想主义色彩浓重。DeFi技术系统的两个核心是加密货币技术和智能合约技术,理想是"脱媒",因为传统金融"慢"而且太"贵"了。加密货币包括虚拟币和稳定币,稳定币与多个或单一主权货币等值或定值挂钩(如美元稳定币USDT、PYUSD)。DeFi 虽然能够实现更加便利的交易、借贷和投资,但脱离主权国家金融监管的"脱媒",终究蕴含巨大风险。所以,金融元宇宙的技术路线需要在国家主权金融监管体系下,实现主权货币与数字资产(如虚拟货币)的贯通,为实现实体经济与去中心化金融服务的结合服务,为实现物理世界与虚拟空间的经济形态融合发展服务。

我国政府正在积极推动金融业数字化转型,银行业、证券业、保险业以及信托资管行业等,都在积极探索数字化发展新路径。这些探索也反映在了新的政策当中。例如,2022 年 1 月,中国银保监会印发《关于银行业保险业数字化转型的指导意见》中,在"业务经营管理数字化"方面提出多项重点任务,同时该文件中提出了数据能力建设要求(数据治理、数据管理、数据质量控制、数据应用),科技能力建设要求(大数据中心、分布式架构、敏捷研发运维体系等)、风险防范要求(战略风险管理、创新型业务合规性管理、数字环境下的流动性风险管理、操作风险与外部风险管理、模型和算法风险管理等),这些可以看作是金融数字化转型的技术架构,反映了监管部门对金融业数字化变革的期待。

监管部门推动的数字化改革,虽然与金融元宇宙的技术理想还有差别,但也可以构成金融元宇宙基础架构的重要内容。金融数字化是"人""货""场"的升维变革,根据元宇宙的数字身份、交互、经济系统、生态等特征，金融机构可以通过技术推动聚焦场景、界面的交互系统创新，推动技术系统的进一步整合。金融监管的数字化也是金融数字化的重要内容，将元宇宙纳入金融创新监管沙盒中进行不断迭代，或许能够实现监管与市场平衡的金融元宇宙蓝图。

（3）金融元宇宙要如何实现经济逻辑

金融元宇宙要在实现金融基本功能和经济逻辑的基础上实现价值。金融体系运行的基本元素是货币和信用、基本行为是交易、基础设施是支付清算结算及相关规则，这三点共同支撑了金融业务系统和市场体系。金融元宇宙的运行需要建立在这些金融体系运行的基本逻辑基础上，先实现元宇宙的经济逻辑，从而实现元宇宙的价值。

第一，要解决数字资产与经济发展的关系问题。金融元宇宙是以区块链和 Web3.0 为技术思想基础的，支撑了元宇宙的经济系统，其中数字资产是躲不开的命题。狭义的数字资产就是指以代币（Token）、NFT 等为代表的虚拟资产，广义的数字资产可包含典型数据资产，是数据资源的资产化。数字资产在金融元宇宙中的作用是什么？空气币与权益性代币（通证）以及 NFT 等资产还无法证明数字资产与实体经济的关联，无法体现与实际物质生产和文化生产的关联，因此数字资产与现实资产的可转换性决定了数字资产与经济发展的关联程度。文化金融元宇宙不是自成系统的另一个"金融王国"，要实现价值，就必须解释这些问题。

第二，要解决交易为实体经济服务的问题。金融元宇宙的交易应在传统金融市场交易的基础上实现虚实交融的新型交易体系。金融市场交易狭义上指金融资产的交易，是金融资产所有权的变化，是市场的基本形态。金融市场的这些交易，主要是为其他实体经济服务而进行的。因此，金融元宇宙在本质上仍是要解决金融功能实现问题，实现资源配置功能，实现融资、风险管理、价格信号、财富管理、激励等功能。金融元宇宙的交易不能停留在虚拟经济形态，而要在为实际生产服务过程中实现价值，也就是通过金融功能实现为实体经济服务。

第三，要解决经济关系与生产关系问题。区块链技术和Web3.0体现了元宇宙的经济系统重构，而区块链下的金融元宇宙是围绕账本的新运转系统。而且金融元宇宙要与原有经济系统对接，在新的系统组合过程中，必然出现新型经济关系，那么是否存在政治经济学意义上的生产关系变化？在理想的金融元宇宙中需要思考：元宇宙空间的数字身份作为行为主体的经济身份及法律关系；元宇宙空间的社交关系及新的信用关系；新的资产关系以及形成的新的财产关系；去中心化自治组织（DAO）、新的治理体系与新的生产关系等。

2. 文化金融元宇宙的基础架构、特异性及意义

文化金融是特殊的金融服务业态，也是金融服务文化产业的一种体系和机制。作为金融体系的一个组成部分，我们需要在金融元宇宙基本技术逻辑和经济逻辑下，从服务对象出发理解文化

金融元宇宙的特异性，探寻文化金融元宇宙的基础架构、基本问题和意义（价值与必要性）。

（1）文化金融元宇宙的基础架构与特异性

文化金融元宇宙具有垂直性、行业性，但金融元宇宙的基础设施与治理架构、业务架构以及空间交互架构构成了文化金融元宇宙的基础架构。在这个基础架构中，大数据、云计算、5G、人工智能、区块链、虚拟现实、数字孪生等技术是关键技术和底层技术。由于当前的构建多数处于构想和设计阶段，只有少数模块具有实然性，所以我们这里的解释多是基于应然的判断。

文化金融元宇宙的基础架构的底层是基础设施。这是统一的数字基础设施，金融元宇宙根据金融发展要求和治理要求向基础设施提出行业性需求，形成具有金融特性的元宇宙架构。数字治理与金融治理通过基础设施完成主要工作。这个架构由数字硬件、芯片、设备、5G 通信系统、物联网、算力中心、大数据中心、分布式存储系统、智能终端等构成。

文化金融元宇宙的业务架构。业务架构体现金融的功能实现路径，是技术＋业务的体系，由操作系统、软件、平台（数字空间）、技术集成、数字建模、实时渲染、内容生成技术等构成。一是从业务大类来划分，包括数字产业金融服务、数字化个人金融服务、金融市场交易业务等；二是从传统工具上来分类，业务类型包括数字化文化信贷服务、数字化股权投资及证券投资服务、数字化文化保险服务、数字化文化信托等；三是从数字化服务角度来划分，则可分为大数据服务、文化企业数字化征信服务、文化资产数字化评估与管理服务、文化企业融资数字化顾问服务等。

文化金融元宇宙的交互架构。交互是元宇宙最为明显的特征之一，是业务的数字场景化。没有业务架构的元宇宙是没有价值的，同样，没有交互的元宇宙也是不理想的。

在基础设施和业务架构基础上，系统与人、系统与客户、系统与系统之间都需要交互。所谓元宇宙的身份、沉浸感、低延迟性、多样性、随地性、经济性等特征要在基础设施和业务架构中设计出来，但都需要通过场景和交互实现。在与人的界面上，最为明显的是沉浸式与人机交互。界面的场景化，以数据和大模型为基础，以AI、虚拟现实技术和感知交互技术等为技术支撑，以数字身份和数字人为标志性介质，实现虚拟环境的实时渲染以及语音、触控的交互，使人与元宇宙世界完成接驳。一些机构正在进行文化行业大模型开发，这预示着这个体系中的交互将充满文化"味道"。

需要关注的是文化金融元宇宙的特异性。文化金融元宇宙与金融元宇宙在技术逻辑和经济逻辑上都存在共性，不同之处有以下两点。

一是金融服务的对象不同。服务对象的不同决定了金融服务方式会有较大的差异。金融对物质生产部门和精神生产部门的服务向来有较大区别，在数字时代，这个特征不会改变。与文化金融元宇宙互联互通的文化元宇宙，是新的数字化文化生产系统，文化资产数字化及数字化文化资产，带来数字版权、文化数据产权等新问题。在数字化时代，大型文化、传媒、娱乐、休闲、新消费等平台（爱奇艺、哔哩哔哩等）拥有更多的主导权，在这些超大平台，产生像互联网时代的超级第三方支付这样的新势力一点也不奇怪，这对金融监管和金融服务来说是巨大的挑战。

二是元宇宙系统中的数据不同。数据成为生产要素是数字技术革命的一大贡献，这与以往的技术革命都不同。数据资源资产化、资本化是数字经济时代的重要命题。文化金融元宇宙服务的是文化企业和文化生产，海量的文化数据是文化元宇宙的基础，也是文化金融元宇宙提供服务所要依据的基础。这些文化数据资产与一般数据资产的不同之处，是承载了文化信息。承载文化信息的数据资源，事关意识形态与文化安全，构建文化金融元宇宙必须特别注意这个问题。

（2）探寻文化金融元宇宙的意义

我国文化金融发展已经进入关键转型期，数字化是现阶段寻求新突破的切实需要。

我国当代文化金融发展始于21世纪初的2003年，那一年我国开启了文化体制改革的进程。2009年之后，随着我国文化产业振兴规划的实施，文化金融进入快速成长时期。经过十几年的发展，我国文化金融已经初步形成了公共服务体系和市场服务体系，为文化产业发展和文化繁荣提供了有效的支撑。但这一阶段的文化金融发展是以规模增长为特征的，初期的规模增长总会忽略一些问题（如质量与规范问题）、制造一些问题（如"虚拟泡沫"）、遗留一些问题（如资产评估和小微企业融资难）。人们寄望于包括制度变革和技术变革的新变革，正是在这种期待下，文化金融的金融科技应用、文化金融数字化乃至文化金融元宇宙有了积极的学术响应和市场回响。

文化金融元宇宙不仅仅是金融机构服务的数字化,也是金融生态和体系的数字化,是包含金融市场供需双方以及监管者等所有主体的整体重塑。

我们从广义的金融元宇宙范畴上,将文化金融的金融科技应用、文化金融数字化和文化金融元宇宙统合在一起,观察文化金融元宇宙究竟有何意义。

第一,文化金融元宇宙对文化实体经济有何意义?服务实体经济是金融的"天职",脱实向虚的金融没有价值。根据国家政策要求,金融业要积极发展数字产业金融,打造数字化的产业金融服务平台,围绕重大项目、重点企业和重要产业链,加强场景聚合、生态对接,实现"一站式"金融服务。对文化实体经济,具体来说是对文化产业发展和文化企业发展而言,金融的价值是金融机构提供更加高效率、低成本的资本供给,金融市场提供客观价格信号和资产管理环境,提供更全面的风险管理机制。

第二,文化金融元宇宙对文化金融行业有何意义?文化金融发展的历程曲折,如何实现文化金融的良性发展始终是业界关注的重大问题。数字化提供了百年一遇的变革机遇,数字化运营将大大优化管理,并提升服务效率和服务质量。数字化将助力产品设计和精准服务,客户(企业或个人消费者)实现生态数字化,需求端将全景呈现在数字网络当中,金融机构可以通过算法模拟客户需求,以提供更有针对性的服务。金融机构利用数字技术进行更完善的资产质量和信用质量监控,进行全流程、全链路数据监控,及时对产品进行评估,从而更好地控制金融市场风险。

第三,文化金融元宇宙对金融监管有何意义?金融数字化对监管的影响具有两面性,一方面数字化提出了巨大的挑战,模型风险、算法风险等更多风险类型出现在市场,监管和治理难度更大;另一方面数字化也提供了实现有效监管的巨大机遇,监管科技正在成为一门受人关注的研究领域。文化金融领域曾经出现过的一些监管难题,在数字技术条件下可能会得到更有效的治理,同时,文化金融数字化过程中的新风险也能够通过监管科技体系予以控制。金融机构和市场主体的行为实现大部分"在线",市场就是相对透明的,数据反馈实时情况,监管机构将对风险点进行及时有效的反应。

要实现文化金融元宇宙被期望的这些意义,仍有很多问题需要解决。一是垂直领域元宇宙的可行性。文化金融元宇宙具有的特异性,对行业性与专业性元宇宙模式有一定的市场需求,但是这种需求的实现需要成本。二是文化金融服务业务(信贷、担保、保险)如何真正映射到 Web3.0 和系统中。从技术上来看这种映射没有问题,但问题可能会来自制度和文化。三是如何服务于"双效统一"。如何在保障文化消费和精神消费之中,既鼓励文化企业创新和赚取利润,同时还能保持社会效益优先,这是文化监管上的要求,也是文化金融元宇宙服务商必须面对的问题。

3. 文化金融元宇宙的分层场景及应用

金融元宇宙架构的核心是虚拟数字空间＋数字身份＋数字化服务，但是要实现这个理想形态需要很长一个时期，对文化金融来说更是如此。文化金融要有单一领域的金融科技应用及互联网文化金融等应用，也需要部分集成式的金融数字化应用，最后，以元宇宙为"母体"的文化金融元宇宙才有可能出现。推动文化金融元宇宙，也必须推进分层实现的应用，不能期望一步到位。

（1）文化金融元宇宙第一层场景及应用

文化金融元宇宙第一层场景及应用是从早期的互联网金融应用开始，主要是文化金融服务与互联网平台相结合。之后金融科技在文化金融领域开始应用，主要是大数据、区块链、人工智能等技术在文化金融某单一领域进行的应用创新。

大数据技术在文化企业征信中的应用，区块链在版权资产确权中的应用，人工智能在艺术品投资顾问中的应用等是第一层的典型应用。如南京市文投集团在2014年推动的大数据在文化企业信用评估领域的应用，该项目与国内大数据金融领军企业合作，完成了文化企业大数据信用建模，并于后期通过南京文化金融服务中心推出了"文化企业大数据信用平台"，在全国率先应用服务于小微文化企业的大数据信用报告。陕西文化产权交易所开发了ARTDATA艺术大数据评估系统，通过对影响艺术品价格因素的多维度分析，降低价格评估误差。2023年5月，武汉黄鹤楼书画社利用"公证+区块链"服务办理湖北首例商业秘密保护公证，为武汉代表性建筑黄鹤楼的相关文化领域创新发展提供了区块链＋司法方面的支持，中国人保财险积极响应商业秘密区块链公证的服务，加大对新险种的推广力度，为黄鹤楼书画社量身定制了商业秘密保险方案。

这一层面的应用目前仍然是我国文化金融数字化的主要推进形态，但技术方面需要有更系统的整合，如在应用平台上需要接入综合性征信平台。苏州小微企业数字征信实验区正式获中国人民银行批复设立，以数字技术搭建适应小微企业信息和信用特征的数字征信体系，创新"征信＋"数字金融产品，利用这类平台在行业上细化，对文化产业等是有积极意义的。

（2）文化金融元宇宙第二层场景及应用

文化金融元宇宙的第二层场景与应用，是部分集成式的文化金融数字化服务，数据资产得到重视并纳入金融服务体系，在有限的虚拟空间和数字化网络中实现流程数字化及智能化金融服务，系统有部分人机交互功能。

科技公司为政府部门及金融机构提供文化金融数字化解决方案，形成了一定的成果。三悦科技研发了文旅行业数字资产监管的供应链金融解决方案，构建文旅产业的数字供应链平台，平台基于"双场景系统"分别通过构建企业交易画像和解构数字资产，增信文旅企业的方式，与金融机构（特别是银行）风控系统互联互通，形成文旅金融综合服务新生态。一端搭建"文旅产业数据平台"解构交易场景，使得文旅企业的交易数据可视化，形成相对闭环的交易链条，使得文旅企业通过真实交易提高获得金融服务的能力；另一端建立"银链通科技监管"与金融机构（特别是银行）的线上风控系统直连，运用区块链、大数据等科技手段，确定交易内容的唯一性、合法性、公允性，再对交易账户进行监管和控制，形成智能合约，使得金融机构能够通过平台实现在线签约、智能审批、直驱放款、智能贷后管理，提高了效率、降低了风险。

北京银行是文化金融服务的标杆，一直致力于文化金融服务提升。北京银行的"文旅信e贷"产品创新引入文旅行业风险和信用分级分类监管数据，结合工商、司法、税务、征信等数据的挖掘和分析，依托大数据风控模型，整合企业数据，实现自动化审批，最大限度减少人工干预，提高审批效率，是文化金融数字化的生动实践。

数据技术作为工具的金融赋能必不可少，但数据资源作为资产的金融赋能则是更深层的数字化变革，这是第二层金融数字化或金融元宇宙的最鲜明特征。北京银行推出的数据资产抵押贷款、中航信托发布的数据资产信托，这些金融创新对文化金融服务来说具有启示意义。

（3）文化金融元宇宙第三层场景及应用

文化金融元宇宙的高级目标是拥有多层架构的完整的元宇宙形态，在这个形态中，核心是虚拟数字空间＋数字身份＋数字化服务，虚拟空间经济相对独立但与实体空间经济有机而紧密融合。目前还没有文化金融元宇宙第三层面项目落地应用并取得成效的应用案例，但仍有一些突破也为文化金融元宇宙提供了示范。

第三章 技术变革：数字时代与文化金融数字化

数字技术将一些文化消费场景与金融服务结合在一起，能够体现出元宇宙的核心特征。中科道格设计的手机银行营销方案结合了"福仔云游记"的游戏化设计，将手机银行的金融任务融入游戏中，实现手机银行客户的拉新、促活，增加了营销活动的竞技性和趣味性，降低了金融产品的推广成本。方案设计了奖励分级、分工联动等激励体系，打造多种权益回馈模式，引入社交功能，通过大数据筛选实现客群定制和精准营销。

当下一些金融机构尝试建立虚拟空间——元宇宙营业厅，将营业厅场景和数字化交互对接在数字化服务系统当中，如中国工商银行河北雄安分行推出的元宇宙虚拟营业厅。中国工商银行河北雄安元宇宙虚拟营业厅据称已经实现了首个支持数字货币场景、首个对接微信立减金、首个发布 NFT 藏品、首个对接雄安数字身份认证、首个对接工行认证、首个支持办理个人业务（申请信用卡、开通工银信使等）、首个展示 3D 贵金属实物、首个对接数字人技术等业务场景，在工行云网点提供入口，成为云工行的组成部分。

韩国国民银行在元宇宙平台 Gather 上创建"虚拟城镇"（virtual town）的案例为文化金融公共服务平台的"元宇宙化"虚拟园区金融服务提供了借鉴，员工和客户可以在虚拟空间完成日常沟通和办理业务。由第三方设立的虚拟园区的远景，应能够实现离岸注册、离岸办理工商、税务、资金申请、缴费等。举办虚拟空间会议、商务会谈，通过与实体园区的虚实结合，放大物理空间实际使用效果。我国的一些机构正在推动虚拟园区、云园区服务，这类项目有望在服务模块中将物理园区的金融相关服务复制到虚拟空间。

  目前金融机构相继推出了数字人服务，如百信银行的虚拟数字员工AIYA艾雅、浦发银行数字员工"小浦"、宁波银行虚拟数字员工"小宁"、国泰君安证券的证券AI交互数字人"小安"等。大多数虚拟数字人还显得比较稚嫩和初级，不足以体现"数字性"及智能化，但我们相信，这是元宇宙交互领域的一个重要方向。

第四章

**体系构建：文化金融工具、
机构、市场与基础设施**

第16讲

金融创新"加持"文化产业[①]

【导读】

文化金融创新是一种体系化的创新,其内容覆盖产品、机构、市场、基础设施、综合服务机制等众多领域。目前,我国文化金融发展已进入全链条、持续性的创新阶段。近十几年来,银行系统在机构设置和管理模式上进行了创新,文化产业资本市场从规模快速增长走向平稳规范发展,文化金融基础设施建设也有积极的探索。

文化与金融的汇流,是文化产业发展史上的绚丽华章。金融助力文化产业,形成独特的文化金融活动。我国的文化金融发展,是自文化体制改革以来的重要文化经济现象。2009年,由国务院出台的《文化产业振兴规划》是文化金融发展的新起点,打响了我国文化金融发展的信号枪。此后,一系列文化金融专门政策出台,推动了文化金融创新,并极大促进了文化产业发展。目前,

---

① 本文原载于《金融博览·财富》杂志,(2023年6月下半月号)。

我国文化金融发展已经进入高质量发展的重要历史时期，需要不断加以创新。而文化金融的创新是一种体系化的创新，其内容覆盖产品、机构、市场以及基础设施方面的全链条创新。

1. 产品创新：各领风骚

文化金融产品创新是最受关注的创新领域，因为其具有直接面对服务对象、短期内就有实效的特点。银行一直都是文化金融产品创新的主力军，北京银行的"创意贷"、中国工商银行的"影视通"、华夏银行的"文创贷"等都是具有代表性的产品类创新。银行在服务文化产业时，提供的创新产品除了基于文化企业信用的信用贷款，还在文化资产抵押贷款、应收账款质押贷款、仓单质押贷款、文化消费贷款等方面提供了具体的产品。

根据中国银行业协会对30家银行的专项调研数据显示，2007—2021年，30家银行发行的文化产业信贷产品共有42款，在这42款产品中，29款为文化产业信贷专属产品，占比为69.05%。在文化产业专属信贷产品中，文创贷、影视贷和文化旅游是发行相对较多的信贷产品。①

文化金融产品创新还体现在债券、融资租赁、信托、保险等领域。文化产业领域债券的主要类型是企业债，在中小企业集合

---

① 杨涛，金巍.中国文化金融发展报告（2022）[M].北京：社会科学文献出版社，2022.

债、私募可转换债、双创债等方面都有创新探索，如苏州传视影视传媒股份有限公司2016年非公开发行创新创业公司债券。此外，国家发展改革委曾推动发行文化产业专项债，一些地方政府在专项债发行中，也会针对性地支持文化产业发展。

各级政府出台政策鼓励文化信贷资产证券化、票房证券化、影视院线资产支持票据、文化产业园区资产证券化等产品创新，在实践中推出了一批知识产权证券化产品，如"文科租赁3期资产支持证券""奇艺世纪知识产权供应链金融资产支持专项计划""第一创业—文科租赁一期资产支持专项计划""兴业圆融—广州开发区专利许可资产支持计划"等。可以说，我国已发行的多个产品在资产证券化领域独树一帜。

文化保险产品在政策层面早有设计，在实践当中也开始逐步为业界认知，如演艺活动财产保险、艺术品综合保险、动漫游戏企业关键人员意外和健康保险、文化企业信用保证保险、文化企业知识产权侵权保险等。

文化信托产品类型主要是资金信托，产品募集的资金以债权、股权及其他形式投向文化产业。同时，文化信托创新在艺术品信托、知识产权信托和版权信托方面也有所突破。此外，文化融资租赁开启了无形资产融资新模式，基于无形资产的融资租赁产品设计开创了文化融资的一条新路。例如，广发融资租赁公司曾为一家传媒企业提供租赁物为"有形动产（设备）+无形资产（著作权）"的组合式售后回租服务。

2. 机构创新：少而精

在银行业、证券基金业、保险业及其他金融领域，虽然专门从事文化金融工作的组织和机构还较少，但已经有了较好的探索。

近十几年来，银行系统在机构设置和管理模式上进行了创新，有的设立文化金融事业部，有的设立文化产业专营支行和特色支行。北京银行、民生银行、杭州银行等在这方面最早进行了实践，起到了很好的示范作用。

根据2022年中国银行业协会对30家银行的调研显示，多家银行开展了各式文化产业信贷服务创新。在调研的30家银行中，有22家银行针对文化企业创新了服务模式，占比为73.33%。创新服务模式中利用较多的方式是成立文化金融服务团队、设立特色支行、对信贷从业人员给予绩效激励、参与文化金融服务中心建设和服务等，较少的方式是扩大业务授权。

文化金融组织和机构的创新还体现在财务公司、小额贷款、融资租赁、融资担保、基金管理等领域专门机构的设立上。

其一，在财务公司领域，文化企业集团设立的财务公司主要有湖南出版投资控股集团财务有限公司、江苏凤凰出版传媒集团财务有限公司、上海文化广播影视集团财务有限公司等。

其二，在小额贷款和融资租赁领域，北京、南京、陕西等地区设立了较多类型服务于文化产业的金融机构，如南京金陵文化科技小额贷款有限公司、北京文化科技小额贷款股份有限公司、西安曲江文化产业融资担保有限公司、北京国华文创融资担保有限公司、北京文科融资租赁股份有限公司、南京文投融资租赁有限公司等。这些机构在市场规模小等不利条件下积极创新，拓展服务文化企业的相关业务，虽然占总体业务量的比重还比较低，但仍为区域文化金融发展做出了重要贡献。

3. 市场：从规模快速增长走向平稳规范发展

文化金融市场分为有形场所和无形场所。大部分文化金融市场是利用统一金融市场进行活动，少部分有专门的场所。按业态来划分，文化金融市场可以分为文化信贷市场、文化产业债券市场、文化产业融资租赁市场、文化企业股票市场、文化企业股权交易市场、私募股权投资基金市场、文化信托与资产管理市场、文化保险市场等，其构成了我国文化产业多元化、多层次的市场体系。总体上来看，我国文化金融市场在2012—2016年实现了较快的规模增长，此后进入平稳规范的发展周期。

文化信贷市场是我国文化企业融资的主要渠道，在直接融资比例较低的情况下，银行承担着文化产业资本供给的重任。我国银行体系对文化产业的贷款一直呈现较高速度的增长趋势，十几年前，我国文化产业贷款余额仅为千亿元规模，而截至2021年，这一数据已经接近2万亿元规模。根据中国银行业协会对30家银行进行的调研数据显示，截至2021年底，30家银行文化产业贷款余额达16 499亿元。

债券市场也是文化产业发展的重要融资渠道，每年有数百亿元资金通过债券市场投入文化产业。2022年各类企业共发行文化产业债券64只，与2021年相比下降15.79%，但是整体发行总额达到579.14亿元，较2021年发行总额有所回升。2022年度，各家信托公司发行的文化类信托产品超过100余个，信托资金流入文化产业的规模超过100亿元。

自1994年东方明珠在上海证券交易所挂牌上市，成为中国第一家文化类上市公司，文化类企业在资本市场的动态就备受关注。我国文化类企业上市数量连年增长，已经成为证券市场上的一个重要板块。根据中国证监会"文化、体育与娱乐业"的分类标准，A股文化类上市公司有60多家；根据东方财富网"文化传媒企业"标准，文化类上市公司数量为110多家；而根据中国文化金融数据库（CCFD）按照国家统计局文化及相关产业分类标准的统计，我国境内外上市的文化企业有400多家。

文化类上市企业的繁荣发展离不开国家的大力支持，我国政府部门鼓励文化企业上市融资，中共中央办公厅、国务院办公厅印发的《"十四五"文化发展规划》与文化和旅游部印发的《"十四五"文化产业发展规划》都提出，要支持和鼓励文化企业上市融资和再融资，"十四五"期间，文化企业上市仍有较好的政策环境。此外，我国一些区域性股权交易市场设立了专门的"文创板""文旅板"等，为文化企业挂牌提供专门的服务。

在国家鼓励多层次资本市场建设与创新的背景下，文化产业私募股权投资市场一度火热，高峰期与文化产业相关的基金接近

2 000只。十几年来，与全国文化产业相关的私募股权投资事件累计超过约3万起，投资总规模累计超过1万亿元。值得一提的是，近年来资本对数字文化产业保持了较高的关注度，2021年度对数字文化产业的投资占比一度超过了60%。

4.基础设施：推动文化金融发展基业长青

基础设施是文化金融体系中常常被忽视的部分。起初，人们没有认识到文化金融作为一个体系，还需要自己的基础设施。文化金融基础设施主要包括：文化产业信用管理体系、文化企业文化资产评估体系、文化数据资产评估与管理体系、文化金融市场信息系统、文化金融业务流程管理标准体系、文化要素市场机制与运行标准体系等。

文化产业信用管理体系和文化企业文化资产评估体系是文化金融体系的两大支柱。我国在文化产业信用管理方面主要依托全局性的企业信用管理系统，但在行业层面也有少量的探索。

2016年，中国资产评估协会发布《文化企业无形资产评估指导意见》，对文化企业无形资产评估体系建设起到了积极的推动作用。2016年，北京市朝阳区国家文化产业创新实验区发起成立了全国首家文化企业信用促进会，与多家银行机构、担保机构及信用评级机构合作，构建了一个信用评级、快捷担保、见保即贷、贴息贴保的工作闭环模式，既为文化企业融资提供了有效的模式创新，其中的信用评级系统也是文化金融基础建设的积极尝试。

数字经济将数据推向了前沿，文化数据资产评估与管理体系即将成为新型文化金融基础设施之一。数据要资产化，首先要资源化。2020年5月，中宣部文改办下发《关于做好国家文化大数据体系建设工作的通知》后，全国各地积极投入体系建设当中，这不仅激活了文化数据资源体系活力，同时也为文化数据资源资产化创造了有利的条件。

交易所的规范发展是推动文化产业要素市场建设的重要视角。全国各地的文化产权交易所在清理整顿中已经基本完成了业务转型，正在文化产业要素市场构建的探索之路上积极迈进。一些交易所在国有文化资产进场交易上取得了突破，一些交易所将转型升级方向锁定在文化数据资产交易领域，交易所作为基础设施的作用日益显现。展望未来，在新的金融发展和监管形势下，交易所要素市场标准、规则和机制创新是崭新的领域，需要各交易所投入更多资源进行建设。

5. 综合服务机制：为文化产业保驾护航

文化金融发展离不开公共服务创新及相关机制创新。2022年8月，中共中央办公厅、国务院办公厅联合印发的《"十四五"文化发展规划》强调，探索文化金融服务中心模式，为文化企业提供综合性金融服务。

南京文化金融服务中心是全国首创的文化金融服务中心，在融资服务、信息服务、征信服务和协作服务等方面进行了开创性

第四章 体系构建：文化金融工具、机构、市场与基础设施

的工作。其构建了综合服务平台，优先服务中小文化企业，注重政策协同与平台协同，形成了自身的特色，被称为文化金融的"南京模式"。北京文创板发展有限公司是国有独资公司，在中共北京市委宣传部和北京市文资中心领导下，搭建了文化金融政策执行与信息服务平台，为文化企业债权融资、股权融资及上市提供服务，事实上承担了文化金融服务中心的主要职能。

2013年，南京文化金融服务中心成立以来，广州、深圳、西安、北京等地纷纷设立了文化金融服务中心，承担文化产业投融资领域公共服务职能。在实践中，这些地方在公共服务与市场化运作的协调方面做了很多探索。例如，财政部与地方政府设立了文化产业专项资金，在扶持文化企业方面起到了重要作用；财政资金还用于文化金融的贷款贴息、保险费及担保费补贴等领域；各级政府推动和完善"政银担合作机制"及"银担合作机制"，以降低文化企业融资风险。

此外，文化金融政策与科技金融政策、普惠金融政策等相关政策的协同，也为文化金融发展提供了更好的机制保障。南京、北京等地在文化金融相关政策设计中特别强调了文化金融与科技金融服务的协同，湖北省专门出台了多个普惠金融服务文旅企业的政策文件。政府部门积极协调政策性银行和商业银行机构，为文化企业授信，共同进行文化企业融资项目优选推荐。

文化和旅游部印发的《"十四五"文化产业发展规划》提出，要推动文化金融服务机制创新，内容涉及政银合作、专营机构、国家文化与金融合作示范区、文化金融中介服务体系、文化和旅

游金融服务中心、投融资对接交流活动、全国文化和旅游投融资项目库建设等多方面的机制建设问题。展望未来，在新的时期，各部门应通力合作，积极推动机制创新，为金融高质量服务文化产业提供更好的保障。

第 17 讲

以公募 REITs 推动文旅发展跃上新台阶[①]

【导读】

公募 REITs（不动产投资信托基金）经过多年"历练"终于正式登上舞台。各界都在努力推动文旅基础设施公募 REITs，但似乎"起了个大早，赶了个晚集"，而这并不是故事的结尾。以文旅基础设施公募 REITs 盘活存量资产，具有多方面的重要意义。利用公募 REITs 助力文旅发展虽面临很多困难，但依旧具有较好的前景。

随着经济复苏持续推进，文旅市场跑出复苏"加速度"。同时要看到，在文旅项目的投资开发方面，当前整个行业已从过去的"增量开发"阶段走向"存量盘活"阶段。我国文旅行业拥有规模庞大的存量资产，很多项目面临新的挑战，亟待盘活，推动发行公募 REITs 则是重要路径之一。

---

① 本文原发于《中国财经报》（2023 年 8 月 24 日），本次编辑有补充。

1. 文旅基础设施公募 REITs 发行在路上

不动产投资信托基金是一种标准化的金融产品,是流动性、收益性和安全性相对均衡的国际通行配置资产。我国正在推行的不动产投资信托基金其不动产领域限制在基础设施,因此可简称为基础设施公募 REITs 或公募 REITs,是在信托法律制度约束下的契约型公募基金。在产品架构上,公募 REITs 需要通过基础设施资产支持证券(ABS)等特殊目的载体(SPV)持有基础设施项目。

我国自 2020 年启动基础设施领域公募 REITs 试点工作,文旅基础设施从 2021 年开始列入公募 REITs 试点范围。2021 年 6 月,国家发展改革委印发《关于进一步做好基础设施领域不动产投资信托基金(REITs)试点工作的通知》,要求探索在其他基础设施领域开展试点,包括自然文化遗产、国家 5A 级旅游景区等具有较好收益的旅游基础设施。2022 年 5 月,国务院办公厅印发《关于进一步盘活存量资产扩大有效投资的意见》,将旅游基础设施项目列为存量规模较大、当前收益较好或增长潜力较大的基础设施项目资产,要求重点盘活。

文化和旅游部对推动文化和旅游基础设施纳入公募 REITs 试点范围非常重视,已先后将其纳入《"十四五"文化产业发展规划》和《"十四五"文化和旅游发展规划》。在一些区域性规划中,推动发行文旅公募 REITs 已成为推动文旅发展的重要措施。如文化和旅游部、国家发展改革委、重庆市人民政府、四川省人民政府联合印发的《巴蜀文化旅游走廊建设规划》提出，支持符合条件的项目运用公募REITs、政府和社会资本合作模式等，改造并完善基础设施和公共服务设施。

目前，重庆、新疆、湖北、陕西、贵州等多地已经启动文旅景区的公募REITs申报及发行相关工作，项目多集中在依托自然资源和历史文化遗产形成的传统景区类资产。随着公募REITs实践的展开和新政策陆续出台，更多类型文旅基础设施有望进入试点范围。

2. 不仅仅是盘活存量资产

以文旅公募REITs盘活存量资产，具有多方面的重要意义。

一是有利于扩大文旅领域有效投资，促进文旅供给。扩大文旅领域的投资，需要通过政府的引导以及社会的积极参与，而发行文旅基础设施公募REITs正是扩大有效投资的重要路径之一。发行公募REITs能够拓展文旅领域直接融资渠道，降低文旅行业对财政投入和债权融资的依赖。同时，实现存量资产和新增投资的良性循环，还能够扩大有效供给。

二是有利于促进文旅消费，服务扩大内需战略。文化和旅游消费市场规模巨大，是扩大内需、促进经济增长的重要引擎。我国正在推进文化和旅游消费促进计划，推动建设国家文化和旅游消费示范城市、区域文化和旅游消费中心城市、国家级夜间文化和旅游消费集聚区等，积极扩大文旅消费规模。推动发行公募

REITs 促进文旅消费，在现阶段具有特殊意义。

有利于提升管理水平，培育现代文旅企业。很多文旅项目是粗放经营时期上马的，运营水平较低，亟待更新改造。发行公募 REITs 并上市能够对项目形成较好约束，推动项目信息透明、管理科学，实现持续经营并为投资者带来更高回报。基金要通过资产支持证券和项目公司等载体取得项目完全所有权或经营权，实行更加精细化的运营管理，建立长效的项目管理机制，促进基础设施项目高质量发展，并在坚持市场化导向下，培育现代文旅企业，形成真正的市场竞争力。

有利于促进区域协调发展，服务区域协调发展战略。我国西部地区的自然文化遗产、AAAAA 级景区都占全国总数的一半左右。当下正在申报文旅公募 REITs 的项目中，中西部地区的项目占比较多，但不少处于闲置和运营不善状态，属于是"守着金饭碗讨饭吃"。推进区域协调发展是文旅"十四五"规划的重要内容，中西部、东北地区、"老少边"地区是需要重点扶持的区域。以文旅公募 REITs 盘活存量资产，也是服务国家区域协调发展战略的重要途径。

有利于弘扬优秀文化，助力文化强国建设。目前，能够进入申报程序的多为自然文化遗产、国家 AAAAA 级旅游景区、风景名胜区等，这些都是中华文明悠久历史文化的重要载体。以文旅基础设施公募 REITs 盘活存量资产，有助于服务更多人群、弘扬中国优秀文化、建设文化强国。

3. 项目申报需要注意的问题

不是所有资产都适合通过公募REITs进行融资和盘活。国家发展改革委印发的相关文件对公募REITs项目申报及运营等方面都有详细要求。目前看，主要应先关注申报问题，根据过往经验，需要注意以下方面。

一是在原则和导向上，要进一步加深认识。如公募REITs要求遵循市场原则，坚持权益导向。目前申报的项目中多为传统景区，其中一些涉及公益性和经营性之间的平衡问题，这可能导致市场化程度不足，无法保证稳定的投资回报。

二是在前期培育工作方面，要做好梳理和方案制定，合理论证项目收益，充分做好项目申报准备工作。相关组织申报部门以及发起人（原始权益人）、基金管理人等要明确公募REITs的性质，厘清其中的权利义务关系，合理设计底层资产和参与主体。目前对公募REITs的要求是：项目底层资产具有持续盈利能力，近三年内总体保持盈利或经营性净现金流为正；项目收益持续稳定且来源合理分散，来源于多个现金流提供方。传统景区虽然有较好的现金流，但受旅游淡季等客观因素影响较大，收益的稳定性以及持续盈利能力都存在一定问题，所以要对项目收益进行合理论证，合理预测游客数量、现金流等相关数据。景区发行公募REITs需要特别注意排除资产不合规"雷区"。此外，土地问题、投资建设相关程序等都会影响公募REITs的正常发行，需要多加了解和关注。

三是在申报项目类型上，除传统文旅景区外，建议相关部门积极协同，结合其他试点类型推动文旅园区基础设施、文旅新型基础设施、文旅消费基础设施的复合型公募REITs项目申报。一些文化产业园区闲置或经营不善，但拥有较多的土地和房屋资产，可通过投资盘活；文化产业互联网、国家大数据建设、人工智能等项目建设，符合国家战略方向的，都有条件进入公募REITs试点。这些项目能否入围主要看资产规模，如目标不动产评估净值指标。按照国家发展改革委公募REITs相关申报要求，消费基础设施是优先部署的类型，因此，可梳理能够增强消费能力、改善消费条件、创新消费场景的文旅消费基础设施，推动新型的文旅综合体和新业态项目建设进入试点范围。

第18讲

把握北交所扩容机遇　推动更多文化企业上市①

【导读】

只要坚持发展的主基调，文化产业发展仍有较好的外部环境。从近二十年文化企业上市的历程以及未来十年发展趋势判断，文化企业上市将迎来最好的时期。

支持文化企业上市融资和再融资是我国文化经济政策的重要内容之一。目前看文化企业上市面临的困难很多，但也有一些有利条件，比如文化发展战略环境和政策环境都是有利的，尤其是我国资本市场改革形势对文化企业上市是有利的。从近二十年文化企业上市的历程以及未来十年发展趋势判断，文化企业上市将迎来最好的时期。

2023年8月31日，中国证监会发布《关于高质量建设北京证券交易所的意见》，对北京证券交易所（以下简称"北交所"）

---

① 本文根据金融时报对作者的专访报道内容整理，原标题为《把握北交所扩容机遇　文化企业如何上市》(《金融时报》2023年10月20日)。

未来10年的发展提出了总体要求和发展目标，明确了按照质优、量适、步稳的要求，统筹包容性和精准性要求，常态化推进北交所市场高质量扩容。对文化产业资产市场来说，北京证券交易所的设立和扩容是最大的利好，应充分利用北交所扩容机遇推动文化企业上市，推动更多文化企业在北交所上市的意义主要有以下三点。

第一，推动更多文化企业在北交所上市，符合北京作为全国文化中心的定位。北京是全国政治中心、文化中心、科技创新中心和国际交往中心。全国文化中心不能仅依靠文化事业体系支撑，2020年4月，北京市委宣传部、北京市发展改革委等部门发布《北京市推进全国文化中心建设中长期规划（2019—2035年）》，其中提出了全国文化中心建设的目标和具体任务，在金融与资产市场助力文化发展方面也有具体的要求。北京不仅应该有更多文化企业在各类交易所上市，还应该以北交所为聚集地吸引全国乃至全世界的文化企业到北京上市。推动更多文化企业在北交所上市，有利于建成中国特色社会主义先进文化之都，有利于将北京建设成为具有世界影响力的文化创意中心。

第二，推动更多文化企业在北交所上市，能够更好助力文化强国建设，更好助力国家文化软实力提升。我国社会经济已经进入新发展阶段，在新发展阶段的第一阶段，也就是到2035年，我国要建成文化强国，这个任务目标非常紧迫。文化强国不能自认为强，要世界公认强才是强。文化强国有多维度评价指标，其中非常重要的是要有强大的文化产业输出能力。没有文化产业强国，就没

第四章 体系构建：文化金融工具、机构、市场与基础设施

有文化强国，所以要培育更多有竞争力的文化企业是当务之急。

第三，推动更多文化企业在北交所上市，有利于经济结构调整、扩大内需、刺激文化消费。在很长一段时期内，我国经济形势发展都面临巨大压力。经济发展对我国文化经济是有更高要求的，如扩大文旅消费，为双循环新发展格局和扩大内需战略做贡献，为经济结构调整做贡献。但如何实现这些要求？消费和内需的根本是供给，有需求没有供给，是畸形的市场。要优化文化生产供给侧，其中一个重要路径是培育更多优质的公众化文化企业，让更多企业通过资本市场发展壮大，如此，才能为社会提供更优质的文化产品供给。

影响文化企业上市的因素有很多，比如文化企业特点、文化市场监管特点，但这些是可以克服的困难。北交所扩容是历史性机遇，可能是未来二十年内资本市场唯一的一班"高速列车"。就推动更多文化企业在北交所上市，主要有以下三点建议。

第一，建议文化企业及早规划，提前整合融资和市场资源。我国大陆三大证券交易所的定位不同，在上海证券交易所及深圳证券交易所上市对很多文化企业来说并不现实。目前看，文化企业在北交所上市是最佳方向，如果能够先挂牌新三板，就不能犹豫，而是尽快"上车"。目前的机制设计，在北交所上市仍可以申请转板至沪深两市，所以在北交所上市不会失去在沪深上市的机会。如果不选择北交所，还可以考虑在中国香港、新加坡等地上市。

北交所服务的主体是"创新型中小企业"，《关于高质量建设

北京证券交易所的意见》中提出，打造服务创新型中小企业主阵地，这对包括文化产业的所有行业都应是利好的。以往过于关注"专精特新"，关注制造业和高科技产业，我个人认为这并不能完全体现设立北交所的战略决策意图。在目前情况下，文化企业如果有技术创新特性和科创业务模式，在企业类别上，仍然应当尽量向技术创新型企业靠拢，这会大大提高企业挂牌数量和上市比重。

很多文化企业还未认识到上市对自身发展的重要性，很多人认为上市就是"圈钱"，而公众化又被一些创始人或实控人所忌惮。建议具备一定规模的文化企业转变认识，要与专业人士沟通，与券商、中介机构以及私募股权基金等积极接触，了解企业上市情况。有理想的文化企业经营者，应以文化企业家的标准要求自己，要有意识地建立资本市场生态圈或融入资本生态圈。

文化企业要练好内功，规范发展。一些文化企业的基本条件虽然符合新三板挂牌要求，但仍存在很多问题可能影响挂牌和未来上市，有些是企业"野蛮生长"时期遗留的，有些是企业改制时期遗留的。大多数文化企业在内部管理和公司治理方面都存在这样那样的问题，不符合公众化企业的要求。提升企业管理现代化水平终究是文化企业发展的根本保障，企业在资本市场的每一次进步，都是管理变革和转型的良机。要积极借助资本市场力量和上市融资时机对原有管理模式进行升级改造，清理发展障碍，为企业的进一步壮大做准备。

第二，建议完善文化企业上市培育工作，优化上市培育服务机制。应进一步完善一级市场文化企业上市培育机制。很多服务部门建立了上市企业培育库制度，在当前形势下，入库企业有可能"供不应求"，应延长服务链、扩大服务面、推动更多文化企业"入库"或专门建立文化企业上市培育库。对"入库"企业，积极在财政、税收政策给予更多支持；积极协助企业对接资本，进行上市前融资。要小步快跑，边规范，边融资，边挂牌。建议成立文化企业上市专门工作组、专班等工作机制，联合中介机构、专家形成协作团队，积极为企业诊断、梳理，服务好文化企业。

应重视新三板存量挂牌文化企业完成上市的工作。目前挂牌新三板仍是北交所上市的前置程序，中国证监会要求探索建立新三板优质公司快捷升级至北交所的制度安排，我相信会有更利好的政策出台。目前新三板有六千多家挂牌企业，按照国家统计局"文化及相关产业"的统计指标计算，文化类相关企业占10%左右，但内容生产企业不多。新三板企业排队等待在北交所上市，这其中仍需要做大量工作。在北交所IPO，需要市值、净利润、加权平均净资产收益率、营业收入、研发投入等财务指标符合上市标准，同时在主体资格、公司治理状态、经营稳定性也符合要求。各地文化上市服务部门应将存量企业纳入加快上市的议程，联合对应券商，敦促规范发展，补漏洞，补短板。

各地区域性股权交易市场中的已挂牌企业虽然规模还比较小，但由于已经进入规范管理阶段，信息相对透明，也是良好的上市备选。《关于高质量建设北京证券交易所的意见》要求开展新三板与四板制度型对接，落地公示审核制度。2023年8月，全国股转公司发布《全国中小企业股份转让系统股票公开转让并挂牌审核指引——区域性股权市场创新型企业申报与审核（试行）》，为新三板和四板的对接建立了制度通道，新三板正在与各地四板紧密协商对接机制落地。全国各地很多四板都设有"文化板"和"文旅板"，应积极利用好这一板块，推动文化企业挂牌。

第三，建议推动文化企业建立挂牌及上市特别议事机制，同时研究文化企业独立板块可行性。文化企业有特殊性，结合特殊性进行资本市场机制设计是符合市场逻辑的，但是我们的资本市场可能更倾向于遵循最一般、最省力、最安全的原则。文化产业公众人物多，社会影响大，监管上的尺度不好把握，固然都是制约因素，如何处理加强监管与促进产业发展之间的关系的确需要一些智慧。资本市场常为一些类型企业开通上市绿色通道，在政策上为文化企业也设计过所谓绿色通道，效果还未显现。在文化企业上市北交所的方向，建议探索建立文化企业挂牌和上市特别议事机制。

资本市场"文创板"的话题该有个结论了。"文创板"的概念在场外市场"游弋"多年，而这个概念在北京有特殊的政策含义。《北京市推进全国文化中心建设中长期规划（2019—2035年）》提出要推动打造"文创板"，这个任务不应只停留在一般的融资服务或"四板"市场"文创板"层面。建议借鉴"科创板""创业板"经验，在北京这个全国文化中心，探索在二级市场设立"文创板"。可以将文化企业、旅游企业、体育企业等满足精神消费的企业及相关辅助类企业都纳入"文创板"，作为"泛文化"或"大文化"优质企业集聚地,这个独立的"文创板"将基于占 GDP 比重为 10% 以上的产业基础。在机制上,"文创板"可以实行独特的上市审核、交易和监管制度,能够隔离特有的一些资本市场风险,吸引更多文化企业进入公众化、市场化、规范化的企业序列,同时能够最大限度激活文化生产供给和精神消费。

第19讲

文化产权交易所与文化生产要素配置[①]

【导读】

文化生产要素市场化配置是文化市场体系建设的需要,是建设高标准文化市场体系的重要内容。文化产权交易所应成为文化产业要素市场的枢纽,在国有文化企业产权交易、文化资产流转和资本市场建设中发挥关键作用。

要素配置或要素市场化配置问题在2020年受到格外关注,中央出台的多个重要政策文件都涉及这一重大问题。我国社会和经济已经进入新发展阶段,对文化产业来说,文化生产要素市场及要素市场化配置也是需要特别重视的课题。

---

① 原载于深圳文化产权交易所公众号,原标题为《积极创新 发挥文化产权交易所在文化生产要素配置中的关键作用》(2021年3月3日)。

第四章　体系构建：文化金融工具、机构、市场与基础设施

1. 文化生产要素配置是文化市场体系构建的重要内容

要素即生产要素，生产要素的配置问题是经济体制改革中的重要问题，通过发挥市场的力量提高配置效率一直都是我国社会主义市场经济建设中的重要内容。2020年4月，中共中央、国务院印发《关于构建更加完善的要素市场化配置体制机制的意见》，这是中央关于要素市场化配置的第一份专门文件，明确了方向及重点改革任务。其中涉及的要素包括土地、劳动力、资本、知识、技术、管理和数据要素，并就土地、劳动力、资本、技术和数据五大要素的市场化配置问题做了具体的部署，还提出了加快要素价格市场化改革、健全要素市场运行机制等要求。

此后，中央先后在其他文件中强化了要素市场化配置问题的重要性。2020年5月，中共中央、国务院印发《关于新时代加快完善社会主义市场经济体制的意见》，将完善产权制度和要素市场化配置作为完善社会主义市场经济体制的重点，提出要"构建更加完善的要素市场化配置体制机制，进一步激发全社会创造力和市场活力"。党的十九届五中全会审议通过的《中共中央关于制定国民经济和社会发展第十四个五年规划和二〇三五年远景目标的建议》(以下简称《建议》)，在目标中提出产权制度改革和要素市场化配置改革取得重大进展。2021年1月，中共中央办公厅、国务院办公厅印发《建设高标准市场体系行动方案》，将"推进要素资源高效配置"作为建设高标准市场体系的重要内容，并提出要推动经营性土地要素市场化配置；推动劳动力要素有序流动；促

进资本市场健康发展；发展知识、技术和数据要素市场。

文化产业相关的要素，就是文化生产要素（特定语境下也可简称为"文化要素"）。文化生产要素市场化配置是文化市场体系建设的需要，是建设高标准文化市场体系的重要内容。按照党的十九届五中全会《建议》的部署，建设高标准市场体系的重点之一就是要素市场化问题："深化土地管理制度改革，推进土地、劳动力、资本、技术、数据等要素市场化改革。健全要素市场运行机制，完善要素交易规则和服务体系。"同样，要素市场化配置问题也是文化市场体系建设的重要内容。文化生产要素市场化配置并不意味着要否定文化产业的"双重性"，而是要充分利用市场力量实现新时期的文化大繁荣和大发展。

现代文化市场体系和文化生产要素市场问题在党和国家发布的文件中早有定论。党的十八届三中全会决定中早已提出了"建立健全现代文化市场体系"的任务，为文化产业的新时代发展明确了方向。在《国家"十三五"时期文化发展改革规划纲要》继续提出要"完善现代文化市场体系和现代文化产业体系"，其中更是明确提出了要"健全文化要素市场"。

《建议》中还要求，健全现代文化产业体系及加强文化市场体系建设，这再次强化了我国发展文化产业的基本方向，即坚持产业化和市场化方向，将文化产业作为文化发展的重要内容之一。文化产业的市场体系建设，不仅需要产品的市场化，也需要要素的市场化配置。所以，要明确文化要素市场化配置的合理性，要深刻理解文化市场体系建设和文化生产要素市场化配置的关系。

2. 文化产权交易所在文化产业要素市场建设中的定位

建设现代文化市场体系需要文化生产要素市场化配置体制机制建设。在当前形势下，推动文化生产要素市场构建具有重大意义。这一重要意义不仅表现在文化产业于国家软实力建设中的重要地位，"文化走出去"方面同样起到了不可替代的作用，而且也是构建双循环新发展格局的需要。应该说，推动文化生产要素市场化配置是畅通国内大循环的重要基础。

文化产权交易所（以下简称"文交所"）是在我国文化体制改革和文化市场建设过程中出现的文化产权交易场所，目前在全国有四十多家文交所，其中深圳文化产权交易所和上海文化产权交易所是全国性的文化产权交易场所。在我国推动要素市场化配置、建设高标准市场体系的重大战略进程中，文交所应在推动文化生产要素市场建设、推动文化生产要素市场化配置中有所作为。根据《关于构建更加完善的要素市场化配置体制机制的意见》指出，要根据不同要素属性、市场化程度差异和经济社会发展需要，分类完善要素市场化配置体制机制。所以，结合我国文交所发展历程、优势和发展方向，需明确文交所在要素市场建设中的定位：文交所应成为文化产业要素市场的枢纽，在国有文化企业产权交易、文化资产流转和资本市场建设中发挥关键作用。文交所在文化产业要素市场建设中的定位主要有以下三点。

第一，作为国有文化企业产权交易的主要场所，文交所应发挥文化生产要素流转和交易的综合性职能。推动国有文化企产权交易不仅是文化产业市场化的重要内容,也是文化体制改革的重要任务。深圳文化产权交易所和上海文化产权交易所是国家指定的中央文化企业国有产权进场交易平台,其他地方文交所也陆续在地方国有文化企业国有产权交易方面有所突破。文化企业国有产权交易,是国家投资形成的相关权益的交易,涉及很多要素流转。

第二,文交所应成为新经济时代文化资产评估与流转市场的中流砥柱。文化资产是可计量并大部分可交易的文化资源,凡是用于文化生产过程的文化资产都可视作文化生产要素。文交所在文化资产评估与流转市场中应关注两个方面。一是文化资产要素性及价值实现。在新经济时代,文化资产正在文化产业、创意产业和融合性产业当中体现其应有的要素性价值,如版权类无形资产和传统古建实物资产等。二是文化资产的数字化。文化资产在数字经济时代表现出了一些新的形态,包括对文化生产来说非常重要的知识产权等生产要素形态,正在数字经济变革中形成新的内容。其中特别需要重视的是,文化数据资产正在以数字技术和数字平台为主线整合文化资产新形态,文化应成为文化数据要素市场的重要组成部分。

第三,文交所应作为文化产业资本市场的重要补充。市场经济通过统一的资本市场进行资本要素的市场化配置,资本市场是资本要素市场化配置的场所和机制。我国文化产业资本市场为文化生产提供资本供给,是统一的资本市场的有机组成部分。在现有资本市场格局下,文交所可以为文化企业提供顾问服务,作为

第四章 体系构建：文化金融工具、机构、市场与基础设施

文化企业与金融机构、证券市场、股权交易市场之间的桥梁，充分起到协助资本要素市场化配置的作用。

3. 推动文交所发挥关键作用的建议

第一，通过制度创新强化文化生产要素配置机制构建，发挥文交所作为要素交易平台的积极作用。

我国社会主义市场经济实践已经充分证明了市场在资源配置中的决定性作用。二十多年来，我国通过文化体制改革推动文化产业发展，但文化产业商品市场化程度明显高于要素市场化程度，要素市场化配置程度低已经严重影响了文化产业的进一步发展。在现代文化市场体系下健全文化生产要素市场，应在正确处理政府与市场的关系和正确处理公共文化服务与文化产业的关系基础上，进一步解放思想，强化制度供给，通过文化经济政策释放市场活力，从而提高要素配置效率、降低配置成本。还应通过大力发展和建设文交所等具有要素市场性质的平台，建立文化生产要素交易规则和服务机制，构建新时期我国文化生产要素市场的新格局。

第二，借助科技创新推动建设以文交所为骨干力量的文化生产要素市场基础设施。

大数据、云计算、人工智能、区块链以及物联网等技术的飞速发展为现代经济注入了强大动力。以"新基建"为背景的要素市场基础设施开始构建，文化产业的要素市场也需要建立在现代

科技应用基础上。目前大多数文交所已经完成清理整顿工作，亟待转型升级，通过科技应用建设文化生产要素市场基础设施并成为要素交易平台是可行的转型路线。利用现代科技的力量，应注重要素市场交易的标准化，同时在适当时机推动形成多节点合作的全国统一文化生产要素市场。同时，文交所应与相关监管部门协作，建立以技术平台为支撑的监管机制，用来规范交易行为。

第三，协同创新，共同构建完善的文化生产要素市场，推动文化生产要素市场化配置。

我国已经在资本市场、技术市场、数据交易市场、人才市场等方面初步形成了体系。在建设以文交所为枢纽的要素市场体系过程中，应将文交所业务体系与已经建立的证券交易所、股权交易中心、产权交易中心、技术交易所、数据交易所、版权交易中心等建立合作关系，协同创新。要充分利用已经形成的要素配置市场化机制，完善文交所的业务流程，应发挥文交所在文化生产领域的优势形成核心竞争力，与其他要素市场形成优势互补的合作关系和交易网络。按照《关于构建更加完善的要素市场化配置体制机制的意见》的要求，文交所在建立文化生产要素交易平台的过程中要与各类金融机构、中介机构积极合作，形成涵盖产权界定、价格评估、流转交易、担保、保险等业务的综合服务体系。

第20讲
关于文化企业金融能力培育

【导读】

　　文化企业的公司金融活动是文化金融体系金融活动的重要组成部分。企业的金融能力是文化企业竞争力结构中的重要一环。在文化企业的金融能力结构中,融资能力被认为是最为重要的部分。

　　在文化金融服务文化企业的服务体系机制之中,在文化金融融资活动当中,文化企业处于一个什么样的角色?文化企业应具备什么样的能力?这是我在企业路演中做专家点评时经常思考的问题。我们以往可能更多地关注在金融的供给端、服务端,但对处于需求端文化企业的作用关注较少。从文化企业的角度来理解文化金融、利用好文化金融,就是要增加文化企业的金融能力,提高企业在资本市场的话语权。

1. 文化企业的金融活动是文化金融的重要组成部分

　　文化金融是服务文化产业的金融活动及由此形成的一系列机

制、体系和业态。但这种金融活动还需延伸至微观领域，研究特定主体的金融活动才能更好理解文化金融，而以研究企业（公司）这个主体的金融行为和活动的公司金融就是微观金融的主要组成部分之一。对文化金融来说，公司金融本不应是什么新鲜事物，但因为以往的研究和政策实践从文化企业角度来理解文化金融较少，所以说这仍是一个新视野，需要更多关注。从这个视野上发展文化金融，应积极推动提升文化企业公司的金融能力。

文化金融作为一种与产业发展及产业政策密切相关的金融领域，应是一种微观金融基础上的"中观金融"。[①] 在产业金融视角上，更容易理解金融在服务文化产业时进行的金融资源配置活动，也更容易理解文化金融在现代金融服务实体经济的运行体系当中的位置。但产业金融视角是受产业政策影响较大的一种视角，会更多关注金融服务供给端的金融活动，也就是金融机构的活动，这时就很容易忽视了其他主体。在这个体系中，企业等私人部门作为融资需求端的微观主体，其金融活动常常假定为不变的"黑箱"。人们常认为企业参与金融活动的方式就是作为金融服务被动接受的一方，实际上远非如此。

文化企业的金融活动也可称为公司理财活动或公司财务活动，属于公司金融研究范畴。公司金融的"金融"是更具微观市场意义的活动，是微观金融市场中很重要的内容，所以，与金融机构的文化金融活动一样，文化企业的公司金融活动也是文化金融体

[①] 金巍，杨涛.文化金融学［M］.北京：北京师范大学出版社，2021.

系金融活动的重要组成部分。那么，文化企业的金融行为和相关活动会在多大程度上影响文化金融体系的运行？对文化企业金融活动的忽视可能失去文化金融真正的基础，这值得业界深入研究。

2. 文化企业金融能力结构及融资工具使用

什么是企业金融能力？所谓企业金融能力就是公司金融能力，是指企业在发展各个阶段都具备的资本资源配置能力，这些能力是基于企业金融活动形成的。文化企业的金融活动不仅是融资，还是涉及多个方面的内容，核心内容简单说就是"一进、一出、一分配"。

一是融资问题。企业通过自筹、借贷、股权转让、上市、发行债券等方式进行融资，往往是企业金融能力的首要问题，这部分后面可以做详细解析。

二是资本运营问题，也是资金使用问题。这里有一个金融学基本问题——基本"货币时间价值"问题。企业有了资本，需要通过运营使"当前的一块钱"更有价值。资金使用，除了投资原有业务，还可能进行并购、企业重组等行为，如一家影视制作公司投资一家影视院线公司。很多大型文化企业在发展中都要投资新项目或并购重组，但也常常会遇到资本陷阱，或是由于市场研究失误，导致资本运营失败，如武汉万达电影乐园项目。

三是利益分配与激励。在微观金融学研究中，利益分配与激励常被作为金融的基本功能之一，这体现了一个微观主体能否以合理的财务和财富机制完善公司治理,从而达到"长治久安"的目的。如对员工的股权激励方案,在创业时期是选择全员股权激励还是部分员工股权激励?上市公司如何进行股权激励?文化企业培养金融能力,要在这个方面做好工作,很多文化企业在融资后还没有壮大就"折戟"在利益分配的环节,导致企业分崩离析。

在文化企业的金融能力结构中,融资能力被认为是最为重要的部分。当然,衡量一个企业的融资能力,并不是融资越多越好,而是要通过债务比率、企业偿债能力、企业盈利能力、现金流量以及总资产周转率等指标来综合评判企业的融资能力水平。在我国现时期的金融管理环境下,企业融资工具箱内的品种还是很丰富的,能够给企业更多的选择(如图4-1)。

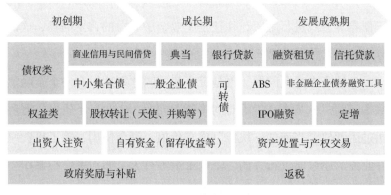

图4-1 文化企业融资工具箱

图4-1显示的只是部分主要融资工具,并不是现有工具的全部。而且随着监管和创新的变化,"工具箱"是动态变化的。使用何种融资工具或融资方式,还要注意以下四个方面的问题。

第一,企业所处发展阶段。企业在发展的不同阶段适用不同的融资工具,如在初创期一般适用民间借贷、天使投资等工具。虽然政府鼓励银行为小微企业提供金融服务,但小微企业融资约束因素较多,很少有小微企业可以顺利获得银行的低成本贷款。在成长期,一些企业具备了从银行贷款的信用条件,同时也可能获得更多投资者的青睐。在发展和成熟期,很多资本二级市场的融资工具(如发行债券)就可以用派上用场了。

第二,资本形成性质及优劣势。债权融资与权益融资形成不同资本,优劣势也不同。一些融资工具形成债务资本,另外一些融资工具形成权益资本。前者如借贷、债券、融资租赁等;后者如股权转让、优先股、普通股等。债权资本对收益的要求是稳定而安全,也就是固定利息收益,企业的盈利能力只决定安全,不决定债权的收益水平。债权融资在还款时间等方面有刚性要求,约束性强。权益融资工具是股权融资,对投资方来说风险高,但收益也可能很高。股权融资与债权融资的逻辑完全不同,股权融资往往意味着融资方要付出的未来成本较高,而且在企业控制权上不好把握。在权益融资方面,还要辨别是"白袍骑士"或是"门口的野蛮人"。一般来说,企业融资应以债权融资优先为原则,即"能借则借"的原则。

第三,成本与效率(便捷)权衡。不同类型的融资方式,成本可能不同,方便程度也不同。信用贷款审批时间长,而抵押贷款则会快得多,利率通常也低一些。虽然有普惠金融政策,但大多数融资都不是效率又高、成本又低。有些通过担保机构的贷款效率高，但可能成本也高，因为增加了担保费用这一成本。所以，企业贷款融资选择哪种类型，要根据自身的迫切程度而定。在股权融资领域也是如此，对融资效率要求高，往往会付出更多的条件，相应地会承担更高的成本。

第四，融资工具的法律限制与监管政策。有些融资工具可能有法律风险或不受法律保护，比如未经批准向不特定人群募集资金，是以借款名义的非法集资。又如"名股实债"（带回购条款的股权性融资），作为融资方通过"名股实债"取得的融资，在会计上比较复杂，在法律上也可能因为投资方工具使用上绕过监管的事实受到影响。

3. 如何培育文化企业金融能力

金融能力是文化企业能力结构的重要组成部分之一。对于大多数文化企业而言，企业金融能力往往要先借助外力，所以金融常被称为是助力文化企业起飞的"翅膀"。但在借助外力的过程中存在很多不可控的情况，比如被金融服务商"忽悠"，本要借助的"翅膀"就变成了随时可能爆炸的"炸弹"。所以，培养企业金融能力，仍需先从自身做起，而不是完全依赖外力。培养企业金融能力主要有以下三方面内容。

第一，要逐步培育企业内部金融人才。真正的竞争力结构，还要加个"1"，那就是人才。在资本市场发展较好的企业，都有一个资本"高手"或一个专业团队。这个人一般是具有金融行业从业经历或是在大型国际企业具有较丰富的履历，熟悉资本市场，能够制定企业的投融资规划，能够带来一定的融资资源，能够应对资本市场谈判中出现的困难局面。如果团队创始人中没有这样的人才，就需要在市场上招募并培育。一般通用型的金融人才，还需要了解和熟悉产业情况才能更好服务企业，所以还要根据企业自身和产业发展情况进行进一步"锻造"。要注意的是，虽然资本运营非常重要，但如果过于依赖资本运营，在投资、股权激励中"使手段"，终将酿成不良后果，一些影视类上市公司的前车之鉴便值得深思。

第二，要培育文化企业家。文化企业家可能是文化企业金融能力构建的"X因素"。文化金融生态的薄弱环节是文化企业，通过提升金融能力强化文化金融需求端力量，首先要提升企业家们的能力。文化企业家不是一般的企业家，就如同银行家不是一般的企业家一样，文化企业家具有这样几个特征：其一，文化企业家是深耕文化产业、充满文化情怀的企业家；其二，文化企业家是在文化资源转化、文化资本运营及资本市场运作方面具有深刻理解和掌控能力的企业家；其三，文化企业家是深谙企业运营之道并具有现代企业家精神的特殊群体。文化企业家是文化企业金融能力的核心力量，是企业财务管理体系的轴心。善用金融，是文化企业家的本分。

第三，要培育文化企业内外脑结合的能力。虽然借助外力具有一定风险，但并不能完全依靠自身，而是要内外结合，这是公司提升公司金融能力的有效方式之一。中小企业可聘请财务顾问

（FA）或公司金融顾问，协助企业进行融资或投融资规划。在我国，公司金融顾问是被列入国家职业分类的新职业之一，能够为企业提供金融规划、投融资筹划、资本结构管理、金融风险防控和金融信息咨询等综合性服务。在内外结合中，企业和企业家要成为资本市场的"内行"，要培养的是辨别风险、控制风险的能力。大型文化企业可能还需要与财务咨询公司、会计师事务所、律师事务所等机构形成业务合作，以保障企业快速且合规发展。

第三部分

产业服务与区域发展

- 文化金融以服务文化产业为主要任务,在面向新发展阶段的创新中不断深化与扩展。
- 数字文化产业、文旅融合产业、版权产业等产业是新发展阶段文化金融需要特别关注的业态。
- 与文化金融不同,文创金融关注文化生产最活跃的部分。
- 文化金融正在成为区域金融与区域经济发展中的重要角色。

第五章

产业服务：文化产业金融服务的深化与扩展

第 21 讲

服务数字文化产业　推动数字文化金融创新[①]

【导读】

　　金融服务文化产业数字化战略，落实到具体的产业方面，就是要服务数字文化产业。做好数字文化金融服务，首先要从金融服务的供给端入手。要在新经济视角和框架下建立服务数字文化产业的金融服务体系。

　　太湖世界文化论坛第六届年会设立了"数字文化金融产业论坛"，在数字经济背景下，讨论"数字文化金融"问题非常有价值。数字文化金融论坛将数字技术、文化和金融三个领域的专家汇聚到一起，需要讨论的问题应该有很多。数字、文化、金融要始终交流互鉴，要掌握跨领域的知识。我将从金融服务角度来谈一点对"数字文化金融"的看法。

---

① 本文由作者于2021年10月，太湖世界文化论坛第六届年会"数字文化金融产业论坛"发言材料基础上经补充整理而成。

1. 数字文化金融：服务数字文化产业的视角

关于什么是数字文化金融，论坛主办方希望我能公开做个概念阐释和界定。我们知道，数字、文化和金融三者之间有一个复杂的关系系统。数字文化金融可以理解为"数字化的文化金融"，也可以理解为"关于数字文化的金融服务"。前者是金融科技在文化金融的应用问题，是文化金融与数字金融的结合，这个领域我们跟踪了很长时间，我们较早研究了文化金融领域的区块链技术应用等问题。在金融科技向数字金融演进的背景下，将数字文化金融作为一个新概念理解为"数字化的文化金融"是合理的，更是一个特别值得关注的话题。

但因为今天这个论坛大家讨论的基础是"数字文化"，前面的专家也讲了关于文化领域数字技术应用的情况，包括数字故宫、数字敦煌等，这些都充满了"数字文化"的魅力。所以，今天我要讲的数字文化金融，是"关于数字文化的金融服务"，是要讨论金融如何服务数字文化。在今天的语境下，"数字文化金融"就是这个含义，是"数字文化"与"金融"的关系模式。

关于金融如何服务数字文化，首先要厘清什么是"数字文化金融"中的"金融"，我的理解还是指金融服务，而不是"金融化"，也不是"资产化"。经常会有人将这个"金融"理解为"金融化"，就要向数字文化产品资产化发展、向数字资产金融资产化方向发展，这是很窄的一个通路。实际上，金融就是金融服务，要立足于金融体系如何服务数字文化发展考虑问题。这个体系是由金融产品、机构、市场以及基础设施构成的服务体系。

其次要厘清什么是"数字文化"。"数字文化"中的"文化",我们可以理解为"文化产业",也可以理解为"文化事业与文化产业"。与数字经济和数字技术相关的文化产业,主体是文化产业数字化,或者可以说就是数字文化产业,数字文化产业是国家正在鼓励推动的产业形态,是文化产业在数字经济时代的新形态。从更宏观的视角来看,数字文化扩展开来就是数字文化经济。

所以,可以将数字文化金融这个概念指向关于数字文化的金融服务。这个概念的提出旨在金融如何服务数字文化的框架下进行延展和探讨,目的是推动数字文化产业高质量发展,或者在宏观上是推动数字文化经济的高质量发展。这是我们今天讨论的基本含义。①

2. 金融服务数字文化产业的战略意义及现状

2020年10月,党的十九届五中全会审议通过《中共中央关于制定国民经济和社会发展第十四个五年规划和二〇三五年远景目标的建议》,提出实施"文化产业数字化战略"这一重大战略,同时也提出了"推动公共文化数字化建设"这一重要任务,这两个部分所提到的都是"数字文化"。在两个部分中,文化产业数字

---

① 作者关于"数字文化金融"的定义后来被百度百科采纳,作为一个专有概念解释,详见百度百科词条"数字文化金融"。

化战略是金融要关注的主体部分。

金融服务文化产业数字化战略,落实到具体的产业方面就是要服务数字文化产业。2017年9月文化部印发的《关于推动数字文化产业创新发展的指导意见》及2020年11月文化和旅游部印发的《关于推动数字文化产业高质量发展的意见》,是数字文化产业发展方面的指导性政策。《关于推动数字文化产业创新发展的指导意见》中指出,数字文化产业以文化创意内容为核心,依托数字技术进行创作、生产、传播和服务,呈现技术更迭快、生产数字化、传播网络化、消费个性化等特点,有利于培育新供给、促进新消费。《关于推动数字文化产业高质量发展的意见》则是为贯彻文化产业数字化战略而制定的,既与2017年的《关于推动数字文化产业创新发展的指导意见》一脉相承,也适应了当下新型冠状病毒感染等因素形成的复杂形势。

金融对文化产业数字化方面关注比较早,可以向前追溯到2006年前后,我国大力鼓励文化产业发展的初期。那时候,文化产业与互联网产业、信息产业的汇流,形成了网络文化产业,此后还有数字内容产业、数字创意产业和数字文化产业的提出。多年以来,金融体系,包括银行信贷等债权领域以及股权投资领域,对数字文化的关注度一直是比较高的,无论是信贷还是投资,在规模上比例都超过了60%。

根据我们出版的《中国文化金融发展报告(2021)》中数据显示,2020年文化企业和文化产业投融资都受到巨大冲击,但数字文化产业异军突起,备受资本市场青睐。数字文化产业融资总规

第五章 产业服务：文化产业金融服务的深化与扩展

模达到 1 234.90 亿元，占全国文化产业融资总规模的 45.44%。[①] 这一数字在 2021 年应该会超过 55%，甚至会超过 60%。现在广东、北京、上海等地在数字文化产业融资大盘中超过 90%，资本要看项目，大多数都是与数字概念相关的项目才能引起兴趣，这是现在的趋势。

金融作为资本的供给方，在支持和服务文化产业发展过程中，比较关注文化产业的创新，因为创新意味着更强的盈利能力，而创新主要是两个方面，一是内容创新，内容是文化产业的根本；二是技术创新，技术创新能力是文化产业的核心竞争力之一。这几年，很多互联网文化企业利用大数据、人工智能、5G 等数字技术进行了技术迭代，大家已经看到了效果非常不错的数字化影视作品、数字化演艺直播等。故宫博物院、敦煌博物馆利用数字技术纷纷"出圈"，这些均是传统文化的数字化应用的很好范例。今天论坛展示的河南卫视"中国节日系列"数字化应用，是技术创新和内容创新比较完美的结合，也是很好的典范。

3. 关于服务数字文化给金融机构的建议

金融服务数字文化产业是对新形势和新经济的呼应，做好数字文化金融服务，首先要从金融服务的供给端入手。从金融如何

[①] 2021 年出台《数字经济及其核心产业统计分类（2021）》后，按新的统计口径，2020 年数字有调整，数字文化产业融资总规模（不含银行贷款）为 1 516.52 亿元，占全国文化产业融资总规模的 55.81%。

服务文化产业数字化战略和数字文化产业这个视角来看，对金融部门有三方面的建议。

第一，认识数字经济背景下文化产业和文化经济发展的趋势。

数字文化产业的发展有三个关键词：数字技术、数字内容和数字平台。数字消费的前端是数字化生产，文化产业和文化经济也在进行大规模的数字化迁徙，这是不可逆的潮流，我称之为数字文化经济浪潮。数字文化经济是数字经济的重要组成部分，是文化经济在数字经济背景下的新形态，在产业和微观层面上，我们需要特别关注数字文化产业。前面专家提到的元宇宙以及数字资产的变化，比如NFT的发展，这些都是新领域。一些金融机构在服务文化科技企业方面有很多实践，但数字经济和数字技术发展背景下，数字文化企业和以往的互联网文化企业等一些文化科技企业是有所不同的。

第二，在新经济视角和框架下建立服务数字文化产业的金融服务体系。

应该说，很多人一直没有将文化产业作为新经济的一部分，而是当作一种传统产业。当然这也不都是主观认识问题，也存在一些客观上的障碍。如今，数字文化产业的崛起，将文化产业纳入金融服务新经济这个路径就通了，这个逻辑也成立了。以往我们常说科技金融发展得好，很多银行对高科技产业服务有一套很好的办法，以后对数字文化产业也应建立一套新的机制。这套机制和科技金融有相同之处，但仍有文化产业独有的特殊性，就是数字文化产业最终的产品还是文化产品，是精神产品。这种属性要求机构不能简单地将科技金融的办法套在服务数字文化企业上。

第三，推动金融服务数字文化创新试点工作。

文化金融在区域经济和区域金融发展中的重要性正日益凸显，尤其是在一些一、二线的中心城市，已经成为"十四五"规划的重要内容。当前，我们国家的区域性金融改革试点是没有文化金融的，只有普惠金融、绿色金融、科技金融等。我国要在2035年建成文化强国，没有强大的文化产业是说不通的，要实现文化强国，我们要成为一个文化产业强国。这个大背景足以引起高度重视，因此我建议有关部门考虑将文化金融纳入区域金融改革试点范围。就数字文化金融服务议题，在省级以下能够自主的范围内，建议推动数字文化金融服务创新试点工作，培育数字文化金融服务示范基地或样板。有这样的试点，可以总结一下以往服务文化科技企业的经验，提炼数字文化企业金融服务的新特点，能够搞出一些新模式。

第22讲

数字文化产业投融资形势及资本关注点分析[①]

【导读】

数字文化产业作为文化产业发展的新形态，正在以前所未有的力量改变着文化生产。文化产业资本市场趋冷，数字文化产业融资逆势上扬，后有较大下滑。资本市场对数字文化产业的投资在一定程度上对冲了近年文化产业资本市场的萎靡状态。

当前我国处于特殊历史时期。2023年是党的二十大之后的开局之年，同时，"十四五"行程近半，拼经济、促发展的压力极大。数字经济是当下经济发展的新引擎，文化产业要为拼经济、促发展做贡献，就要高质量发展数字文化产业。如何认识数字文化产业，如何认识当前数字文化产业投融资问题，具有非常重要的积极意义。

---

① 本文根据作者于2023年4月9日举办的湖南数字赋能高质量发展创新峰会上的演讲稿整理。

第五章　产业服务：文化产业金融服务的深化与扩展

1. 高质量发展的数字文化产业是数字文化经济的主干

数字文化经济是数字经济与文化经济融合发展的形态。数字文化经济是以文化数据为关键生产要素，以数字网络（数字平台）为数字文化内容的生产、传播与消费的载体，以数字技术为推动力的一系列文化经济活动。①这个定义脱胎于数字经济的一般定义，从中可以提炼数字文化经济的三个特点：其一，数字文化经济是以文化数据为关键生产要素的，这是数字经济作为技术革命推动的经济形态最重要的特点。文化数据作为文化经济的关键生产要素，不排除一般数据在文化生产活动的要素性作用。其二，数字文化经济是以数字网络和数字平台为载体的，或者说是以数字空间为载体的，这些网络、平台不同于互联网和互联网平台。数字网络不同于互联网，是进化了的新一代网络系统，这部分是数字文化经济的新型基础设施。其三，数字文化经济是以数字技术为驱动力的，数字技术以集群式通用化，推动生产和生活数字化转型，这部分既延续了技术经济的特征，同时对传统技术经济范式有所转换。

我们正被"数字赋能""数字化""高质量发展"这些词汇所包围，但数字文化经济的形成不是一朝之事，实际上至少已有二十多年的发展历程。我们可以将我国数字文化经济发展到目前为止的历程分为三个阶段：第一个阶段始于21世纪之初，直到

---

① 金巍.数字文化经济浪潮［M］.北京：中译出版社，2022.

2012年,这个时期是以信息化战略为背景的,产业方面以网络文化产业和数字内容产业为典型,以网络消费、应用创新和互联网平台为特征。第二个阶段是2012—2019年这一时期,数字文化经济是以"互联网+"行动及网络强国战略为背景,产业方面以数字创意产业、数字文化产业为代表,以业态融合创新、技术转化和产业数字化为特征。第三个阶段,是从2020年开始的,这一年发生了新型冠状病毒感染疫情,数字化被提升到了空前的战略高度。这个时期也是我国经济进入新发展阶段的时期。这个阶段刚刚开始,是以数字经济国家战略为背景,以国家文化数字化战略为指引,在产业方面,以高质量发展的数字文化产业为主干、多种产业形态汇流为产业特点,以数据的生产要素化、全产业数字化转型升级、全形态数字化迁徙为特征。

从这个阶段划分中我们可以看到,网络文化产业、数字内容产业、数字创意产业、数字文化产业等都是数字文化经济的产业形态。而在现阶段,高质量发展的数字文化产业是数字文化经济的主干,其他产业形态也在高质量发展中汇流于数字文化经济浪潮之中。

国家文化数字化战略的提出与实施,为数字文化产业发展提供了国家战略空间。2020年10月29日,党的十九届五中全会通过《中共中央关于制定国民经济和社会发展第十四个五年规划和二〇三五年远景目标的建议》,提出"实施文化产业数字化战略",要加快发展新型文化企业、文化业态、文化消费模式。2022年5月,中共中央办公厅、国务院办公厅印发《关于推进实施国家文化数字化战略的意见》，提出了8项重点任务。2022年10月，党的二十大报告再次提出"实施国家文化数字化战略"，文化数字化战略上升到"全党共识"的高度。

我国已经进入新发展阶段，促进数字文化产业高质量发展是新发展阶段的政策要求，也是数字文化产业发展的基本路径。文化和旅游部、新闻出版和广播影视等行业主管部门对新发展阶段的高质量发展问题都很重视，也有相应的政策。2020年文化和旅游部印发《关于推动数字文化产业高质量发展的意见》（文旅产业发〔2020〕78号），其中的关键词是"基础""业态""生态"等，高质量发展成为数字文化产业发展的主题词。在夯实数字文化产业发展基础方面，主要包括内容建设、新基建、技术应用、数据资源要素、市场主体、标准体系等；在培育数字文化产业新型业态方面，主要包括文化资源数字化、产业融合、平台经济、云演艺、云展览、沉浸式、数字装备、新消费等；在构建数字文化产业生态，主要有产业链创新（产业链金融）、"两创"、"四众"、区域发展战略、市场环境、国际合作等。高质量发展的数字文化产业，需要更多关注基础技术、基础设施和生态问题。

所以，高质量发展的数字文化产业是数字文化经济的主干。数字文化产业作为文化产业发展的新形态，正在以前所未有的力量改变着文化生产。数字文化产业是技术和数据要素驱动的新兴产业，是文化产业高质量发展的重要体现。同时，数字文化产业本身也需要高质量发展，要在强化内容的同时更加关注基础技术和基础设施。

2. 先扬后抑的数字文化产业投融资形势

资本市场对数字文化产业的投资在一定程度上对冲了近年文化产业资本市场萎靡状态。2020年以来，文化产业资本市场趋冷，融资规模波动较大，总体上是下降趋势。数字文化产业融资逆势上扬后有较大下滑，先扬后抑。我们可以看几组数据。

第一组数据是数字文化产业融资规模。2020年，我国数字文化产业融资规模（不含银行贷款）为1 516.52亿元，占文化产业融资规模的55.81%，首次超过五成。2021年，数字文化产业资本市场表现强劲，融资规模达2 344.64亿元，同比增长54.59%，占文化产业融资规模的比例达到了62.45%，比2020年增加6.64个百分点，其中首次公开募股（IPO）贡献了数字文化产业融资资金的42.30%。2022年，受多重因素影响，数字文化产业投融资呈现较大波动，融资规模656.02亿元，同比下降72.02%，占文化产业融资规模的40.89%（如表5-1）。

表5-1 2020—2022年数字文化产业融资分布

渠道	2020年		2021年		2022年	
	金额（亿元）	事件（起）	金额（亿元）	事件（起）	金额（亿元）	事件（起）
债券	844.14	31	752.29	32	212.90	29
上市再融资	171.77	14	273.74	31	165.93	12
私募股权融资	160.63	226	319.83	416	150.05	307
首次公开募资	331.09	19	991.87	19	122.79	15
新三板融资	6.14	23	2.28	20	4.35	14

续表

渠道	2020年		2021年		2022年	
	金额（亿元）	事件（起）	金额（亿元）	事件（起）	金额（亿元）	事件（起）
信托	2.75	9	4.50	1	0	0
合计	1 516.52	322	2 344.51	519	656.02	377

资料来源：中国文化金融数据库（CCFD）。

注：本部分内容数字文化产业界定标准符合《文化及相关产业分类（2018）》标准；同时符合《数字经济及其核心产业统计分类（2021）》界定的数字经济核心产业标准。

其中，私募基金投资事件数量较大，能基本反映资本对数字文化产业投资的动态。2022年，数字文化产业的私募股权融资规模为150.05亿元，资金贡献度为22.87%，居第三位，同时也是最活跃的渠道，307起融资事件占渠道总和的81.43%。根据来自清科的投资数据，2022年的文化产业私募基金全年的互联网领域投资总金额205.35亿元，占总金额比重从2021年的81.48%提升至2022年的96.22%，事件数量706起，占总数量的比重从84.22%提升至89.03%，表现得极为强劲。

第二组数据是并购方面的数据。2020—2021年，我国数字文化产业发生111起并购事件，占文化产业并购事件数的64.91%，两年的分布相对平均，涉及资金1 064.10亿元，占文化产业并购规模的90.85%。从并购金额上来看，数字文化相关企业的并购已经在文化产业并购市场中处于主要地位。但是2022年并购市场出现较大程度下滑，数字文化产业发生37起并购事件，同比下降39.34%，占文化产业并购事件数的56.06%；涉及资金9.05亿元，同比下降 98.35%，占文化产业并购规模的 13.53%，占比较上年减少 73.68 个百分点，资金明显向传统端偏移。

从以上数据可以看出，2020 年以来数字文化产业投资虽然有较大波动，但已经成为文化产业投融资的主要领域。2021 年是投资的高峰期，2022 年回落，这与全球和全国数字经济投融资曲线是一致的。2021 年众多头部资本将投资聚焦在数字概念上，在疫情严重时期，投资者尽调活动受到很大限制，一些私募基金投资数字概念项目和企业，不一定是好的选择，却是优的选择。2022 年由于新型冠状病毒感染还在持续，不确定性增加，加上上年投资还在消化期，人们对数字概念也需要更理性地观察，所以有较大程度的回落。总体上，对数字文化产业投资的一个基本判断是：即使在比例上有所回落，数字概念的文化项目和文化企业的投融资仍将持续保持主要地位。

3. 资本关注数字文化企业的要点有哪些？

资本对数字文化企业的关注高企，越来越多的资金将流向数字文化领域。虽然有些资本投资数字文化产业属于"跟风"，也有很多投资有"炒作"的成分，但从长远来看，资本关注数字文化仍要基于基本面，要基于投资逻辑而不是投机逻辑。所以，资本首先会关注数字文化产业新形态的变化，要对文化产品的生产、传播和消费这些环节进行观察。如数字技术改变了文化创作和产品生产方式，图片、影像、符号等已经完全可以在数字平台更加高效地进行

第五章 产业服务：文化产业金融服务的深化与扩展

生产；文化消费在数字技术条件下正在进行场景提升和转移，新的文化消费场景在拓展和融合中出现。在观察这些变化之时，资本对数字文化企业和文化项目的主要关注点可能包括以下四个方面。

一是企业商业模式和盈利能力的变化。互联网模式造就了一批"时代骄子"，颠覆了人们产供销—成本—利润的简单算法，出现了免费、长尾、电商、网络文娱等新模式。数字时代的文化企业，以数字电影、数字演艺、数字综艺等数字产品消费为基础，形成新的生产、传播和消费方式，由此形成数据驱动、产消共治、虚实共生等新商业模式。数字时代的场景或虚实结合，或完全在数字空间，随着技术的不断迭代，会有更多"奇特"的商业模式。商业模式决定盈利能力。那么，基于数字平台的商业模式是否有可持续性？数字化使企业的盈利能力有什么改变？

二是文化企业成本和效率变化的财务表现。数字化不仅是生产和消费的数字化，也是文化企业管理运营的数字化。以智慧化和自动化为代表的数字化生产和运营方式能够带来企业成本和效率方面的变化，如大数据分析降低了认识用户和甄别风险的成本、人工智能的使用降低人力资源成本、5G带来远程辅助生产的效率提升等。那么，这些变化在财务分析方面是如何表现的？延伸下去，这些变化在企业价值评估中有何表现？

三是企业和项目信用状况的变化。文化企业数字化还体现在文化企业供应链的数联网化，以及文化产业生态的数联网化。数字化将企业行为大部分都呈现在数字空间，有迹可循的企业行为画像成为信用的重要依据，这是一种新的数字信用。数字信用将广泛应用于银行信贷、债券融资以及商业活动中，甚至在社会信用层面也有体现。从银行、投行等金融机构视角来看，不同于以信贷记录、传统资产及担保为基础的传统信用评价，数字信用对创新业务和扩展服务领域有极大作用，尤其在中小微文化企业信用评价方面，数字信用为普惠金融服务提供了新的依据。那么，如何评价文化企业的数字信用？数字信用对文化企业价值有何促进？如何利用新的信用评价方式？

四是企业资产形态和资产结构变化。数字经济的一大特点是数据成为关键生产要素，在微观层面上就是数据资产化。文化生产数字化是各个环节的数字化，会使用大量的数据，也会形成海量的生产、传播或消费数据。其中的文化数据是承载了文化信息的数据，在一定条件下会成为文化数据资产。文化企业资产结构的变化将引起金融机构和资本的特别关注，那么，企业如何围绕新的资产结构进行投资，资本该如何进行资源配置？除了资产负债表、利润表和现金流量表，文化企业是否存在着如德勤所提出的与数据资产相关的"第四张表"？

以上这些关注点，直接关系到企业或项目的价值评估，关系到数字文化企业的融资能力和企业治理能力。从服务数字文化产业的视角来看，政府应引导文化企业在数字化过程中强化现代企业管理意识，建立基于数字价值的数字化企业管理机制。在鼓励金融机构和资本投资数字文化企业和项目的同时，还要完善数字文化产业相关公共服务平台，建立如文化数据资产评估体系的相关公共性质基础设施，让金融与资本能够更好地服务数字文化产业。

第23讲
文旅融合发展政策、形态与金融服务[①]

【导读】

　　文旅融合意味着产业动能的转换，是一次产业层面的变革，所以金融服务文旅融合，不是服务文化产业和服务旅游产业的简单相加。金融不仅会关注融合发展带来的业态变化，还会关注由此带来的成本变化、产业链变化和盈利模式等方面的变化，这些都决定了金融在文旅融合背景下提供何种模式的服务。

　　推动文化和旅游融合发展是我国文化产业和旅游产业发展的重要战略。我们经常说"文化是旅游的灵魂，旅游是文化的载体"，要"以文塑旅、以旅彰文"，前者说明了文化和旅游的两者关系，后者说明了文化和旅游融合发展的路径。政府部门和业界非常关注文旅融合，也出台了相应政策，但在金融和资本市场如何推动文旅融合发展方面还需进行更多研究，我在这里抛砖引玉，尝试做一点分析。

---

　　① 2023年6月5日，"贵州省文旅融合专题研讨班"在中央文化和旅游干部管理学院举办，本文由作者的授课讲义整理而成。

1. 文旅融合发展政策

2009年，文化部和国家旅游局提出《关于促进文化与旅游结合发展的指导意见》，指出文化是旅游的灵魂，旅游是文化的重要载体，并提出了打造文化旅游系列活动品牌、打造高品质旅游演艺产品、利用非物质文化遗产资源优势开发文化旅游产品等十大措施。这是我国最早关于文化旅游融合发展的国家级政策文件。2018年4月文化和旅游部的成立，为文旅融合发展提供了更好的组织保障，而相关政策也为文旅融合发展提供了政策保障。

进入新发展阶段和"十四五"规划周期，相关政策文件都要求推动文旅融合发展。中共中央办公厅、国务院办公厅印发的《"十四五"文化发展规划》提出，要推动文化和旅游融合发展，要坚持以文塑旅、以旅彰文，推动文化和旅游在更广范围、更深层次、更高水平上融合发展，打造独具魅力的中华文化旅游体验。国务院印发的《"十四五"旅游业发展规划》指出要加强文化和旅游业态融合、产品融合、市场融合、服务融合，促进优势互补、形成发展合力。2021年文化和旅游部印发的《"十四五"文化产业发展规划》同样提出，坚持以文塑旅、以旅彰文，积极寻找产业链条各环节的对接点，以文化提升旅游的内涵品质，以旅游促进文化的传播消费，实现文化产业和旅游产业双向融合、相互促进。文化和旅游部印发的《"十四五"文化和旅游发展规划》专门用一章来阐述"推进文化和旅游融合发展"问题，提出要坚持以文塑旅、以旅彰文，推动文化和旅游深度融合、创新发展，不断

第五章 产业服务：文化产业金融服务的深化与扩展

巩固优势叠加、双生共赢的良好局面，同时提出了提升旅游的文化内涵、以旅游促进文化传播、培育文化和旅游融合发展新业态三大任务。

"十四五"期间，建设"国家文化产业和旅游产业融合发展示范区"是促进文旅融合发展的重要任务之一。2022年12月，文化和旅游部、自然资源部、住房和城乡建设部印发《关于开展国家文化产业和旅游产业融合发展示范区建设工作的通知》，并附《国家文化产业和旅游产业融合发展示范区建设指南》《国家文化产业和旅游产业融合发展示范区申报指南》《国家文化产业和旅游产业融合发展示范区评价指标体系》。

从行业管理上来看，文旅融合需要文化艺术、广播影视、新闻出版等文化部门共同推动与旅游业相融合。除了文化和旅游部，广播影视和新闻出版部门也有相关政策，2021年国家电影局发布《"十四五"中国电影发展规划》，在"开发多层次多元化电影市场"中要求促进电影衍生品开发及授权，推动电影与游戏、旅游等融合发展；在"提高电影基地（园区）建设水平"中，鼓励基地企业与旅游、传媒、信息等产业融合发展，提升文化内涵和综合效能。各地方政府出台了专门的文旅融合发展政策，如早期的（2015年）广东省文化厅、广东省旅游局和中国人民银行广州分行联合印发的《关于促进文化旅游融合发展的实施意见》，近年出台的政策有2022年11月浙江省人民政府印发的《关于推进文化和旅游产业深度融合高质量发展的实施意见》等。

2. 文旅融合新业态及融合形式

在市场创新带动下，文旅融合新业态迅速发展。《"十四五"文化和旅游发展规划》提出，要提升旅游的文化内涵，以旅游促进文化传播，培育文化和旅游融合发展新业态。在融合新业态上，主要包括旅游演艺、文化遗产旅游、文化主题酒店、特色节庆展会、文化和旅游综合体；文化旅游休闲街区；乡村文旅业态；工业旅游、研学旅行、中医药健康旅游、体育旅游等。《"十四五"文化产业发展规划》中提出，发展文化和旅游融合重点业态，推动旅游演艺、文化遗产旅游、研学旅游、主题公园、主题酒店、特色民宿等业态提质升级，不断培育融合新业态。

这些有别于传统旅游产业的文化旅游融合性产业形态，可以称为"文旅产业"。这时，文旅产业是融合性的，而不是文化产业与旅游产业的合称。虽然文旅融合受到政策的高度重视，但文旅融合性产业还没有统一的统计框架。根据国家统计局2018年发布的《文化及相关产业分类（2018）》和《国家旅游及相关产业统计分类（2018）》，文化产业和旅游产业两者有交叉部分，文化产业统计中与旅游相关的主要是娱乐服务、景区游览服务和休闲观光游览服务等；旅游产业统计中，与文化产业直接相关的主要是旅游文化娱乐等。这个交叉部分不是我们这里所说融合意义的"交集"，这个"交集"部分的范围远大于这种统计意义的交叉部分。

文化旅游融合形态将原有文化资源或文化业态进行旅游移植，或将传统旅游业态进行文化升级，都要利用空间载体，实现新的消费体验。在市场上，文旅融合的基本主体是项目和价值链，基本形态是产业融合。这种融合更多基于共同的精神消费属性、共同的需求场景。数字技术也是推动文旅融合的动力之一。技术创新能够打破产业边界，促进产业融合。大数据、云计算、虚拟现实、人工智能、数字孪生等数字技术将文化内容创新性植入旅游项目当中，打造了独特的文旅体验，形成了数字化文旅新业态。

基于项目和价值链基础上，文化和旅游融合形成新业态的三种主要形式。

一是在原有旅游项目上进行文化赋能，也就是"以文塑旅"。旅游项目通过文化进行价值提升，能够实现旅游业的产业升级，形成新的文旅融合项目。一方面，可以在旅游业态基础上与文化产业融合，将文化业态通过设立、并购、重组等方式融入新的集团内部；另一方面，也可以以文化附加方式进行增值，而不作为独立的利润中心。这种模式最早源于自然风光景区的文化赋能，通过演艺、主题文化体验、博物馆建设等进行文化价值附加，提升旅游体验价值，如张家界等传统景区的旅游演艺活动。著名的"印象""又见"系列是基于一定的旅游资源背景打造的山水实景演艺项目，每个项目都不能离开特定的地域旅游环境，本质上仍是文化赋能的旅游项目。

二是基于文化资源基础进行旅游项目开发，也就是"以旅彰文"。这个部分是基础是文化资源项目，有些是文化事业类型（博物馆、歌剧院、遗址馆等），有些是文化产业类（如电影制片基地），有些是两者兼而有之。这个路径是利用旅游空间、市场和机制，对文化资源、文化资产的挖掘进行业态创新。对文保、非遗等文化资源进行开发利用是典型的文旅业态之一，要在保护的同时进行产业化发展，如博物馆或纪念馆游（故宫博物院等）；古村镇或古街巷或古城旅游（周村、平遥等）；历史遗迹游（河姆渡遗址、海昏侯墓等）；非物质文化遗产游（南京秦淮灯会、莆田湄洲妈祖祖庙、景德镇古窑民俗博览区等）；民族艺术游（人文景观游览及节庆活动）；工业文化遗存游（沈飞航空博览园、张家口工业文化主题公园等）等。我国正在推动的文物主题游径建设，是新型文化遗产旅游线路，走的也是典型的文旅融合发展路线。

三是基于客户需求开发的新型文旅融合项目，这是"文旅共生"。这些项目从立项开始就设计为文旅融合路线，以客户需求为中心，以打造新型产业链为基础，同时满足文化和旅游多层次消费。如文旅综合体、文旅小镇、文旅度假区、文旅休闲街区等。这类文旅项目的典型代表是文旅主题公园/乐园。一些项目以影视文化资源为基础打造文旅综合项目，典型代表是迪士尼、环球影城、宋城等。一些主题园区是依托历史文化资源打造的新型文旅综合体，如大唐芙蓉园、鼎盛王朝等。欢乐谷、方特、长隆等项目在游戏休闲形式设计中也被赋予了很多文化内涵，通过文化IP打造吸引人的项目。其中方特的主题公园有方特欢乐世界、方特梦幻王国、方特东方神画、方特水上乐园、方特东方欲晓等多个类型。

不同于主题乐园，与城市生活、生产相结合的开放式的城市

第五章　产业服务：文化产业金融服务的深化与扩展

文娱休闲综合体是未来城市建设中重要发展项目之一，也是旅游人口重要的消费地。一些地方在城市更新中，推动传统商业综合体向现代文化娱乐旅游综合体转型，或在新开发用地上重新打造城市文化娱乐休闲综合体。后者如华侨城在湛江调顺岛的项目，是集文化地标、商业娱乐、海湾休闲于一体的海湾文化休闲项目。

跳出项目的范畴，文旅融合体现了边界更为宽泛的国民经济关联性，所以也会表现在更为广阔的区域空间，可看作是全域旅游视野下的文旅融合。这时文旅融合在物理空间上不限于某个项目空间或行政区域，而是更接近文旅经济地理意义的空间范围。城市或城镇的主题文化游，是以特色品牌和 IP 为核心的文旅融合发展模式，主要有影视文化游（如美国洛杉矶好莱坞，中国长春长影），音乐文化游（奥地利维也纳、英国爱丁堡），体育文化游（中国北京、张家口），红色文化游（延安、瑞金、西柏坡），美食文化游（美食之都顺德、成都、中国澳门、扬州、淮安），等等。现代主题文化游，是广义上的文旅融合，是更具广度和深度的融合。这种文旅融合在特定文化区域内将多元文化元素和特色文化体验融入食、住、行、游、购、娱等环节，同时将文旅体验融入该区域的社会经济生活。在这个层面上的文旅融合，典型是杭州西湖模式，要算的是文旅"大账"，不是文旅项目"小账"。

我国正在推动的区域特色文化产业带和国家文化公园都具有文旅融合特点，包括我国藏羌彝文化产业走廊、黄河文化产业、长江文化产业、大运河文化产业带等，以及长城、大运河、长征、黄河等国家文化公园等。

3. 金融关注文旅融合带来的变化

在行业研究和实践中，人们常常使用"文旅金融""文旅产业金融""文旅金融服务"等概念。由于大多数情况下文旅产业是指文化产业和旅游产业的合称，所以基于这种文旅产业合称的所谓"文旅金融"，也只是文化金融与旅游金融的合称。[①] 将这种含义的"文旅金融"作为具有同一规律性的金融业态还缺乏深层逻辑基础，使用时也只是出于特定需要，阐述相关问题也只能兼顾两者，分而述之。

当我们在文旅融合业态构成的产业集合这个范畴上讨论金融服务问题时，"文旅金融"这个概念的含义就大不相同了。这个层面的文旅产业金融服务，是服务于文旅融合业态的金融服务。在已经发布的政策当中，关于金融服务文旅融合，基本还是从供给侧着眼，主要内容是加强债权工具创新和市场创新，强化金融机构和资本市场服务等，是对文化产业和旅游产业都适用的一些基本办法。《关于开展国家文化产业和旅游产业融合发展示范区建设工作的通知》及其附件《国家文化产业和旅游产业融合发展示范区建设指南》等作为文旅融合专门政策文件，对金融服务的要求也以框架性为主。

文旅融合意味着产业动能的转换，是一次产业层面的变革，

---

① 金巍.辨析文化金融、文创金融和文旅金融这三个概念间的差别[Z/OL].人民文旅 2020-12-17. https://www.peopletrip.cn/jq/69735.jhtml.

第五章　产业服务：文化产业金融服务的深化与扩展

所以金融服务文旅融合，不是服务文化产业和服务旅游产业的简单相加，而应关注需求端，关注融合性业态的金融需求有何不同。金融对文旅融合的关注，不仅会关注融合发展带来的业态变化，还会关注由此带来的成本变化、产业链变化和盈利模式等方面的变化，这些都决定了能够提供何种金融服务。如果能够深入研究文旅融合产业的特性，将文旅金融作为一个独立范畴进行研究就是有价值的。金融关注文旅融合带来的变化有以下三点。

一是成本变化。文旅融合本质上是文化产业与旅游产业的融合，是突破产业边界的经济活动。无论是以文化业态为基础的融合，还是以旅游业态为基础的融合，都意味着新的业务产生，同时也意味着原本可能是需要更高付费的合作板块，在内部化后会引起成本的降低。这时，文旅产业融合的动因之一是范围经济。资源闲置往往意味着成本的增加，基于产品相关性较强，文旅融合当中，一些成本可以平摊到不同类型但相关性较强的产品当中。成本变化也意味着盈利能力有所变化，这是金融和资本最为关注的。

二是产业链变化。文化和旅游融合形成了很多新业态，较之传统的文化产业或旅游产业，其产业链也发生了重大变化。文旅融合导致各主体之间关系的调整，引发产业链的分解与重构。在新的产业链中，餐饮与广告创意共生、交通与娱乐共生，同处一个产业链和供应链当中。随之而来的，还有创新链、资金链、人才链的变化，上下游各要素交换关系重新调整，金融机构原有的产业链金融服务或供应链金融就要随之变化。

三是盈利模式变化。原本锦上添花的文化创意在文旅融合产业链中体现了巨大的价值，使旅游项目摆脱门票单一利润中心模式，向多利润中心模式转型。而在文化领域的旅游服务开发，如博物馆游，旅游业态也可能成为文化资源机构的重要利润中心。新打造的文化旅游综合体和文旅休闲街区模式，利润中心也涵盖门票、中介服务、餐饮、交通、房租、地产开发等多个环节。文旅数字化，形成了新的商业模式和资产结构，金融服务需要根据模式变化对文旅项目进行评估评价，以便提供更好的服务。

4.如何利用金融更好服务文旅融合

文旅融合发展是大趋势，融合形态也会更加丰富多彩。在理解文旅融合的基础上，应积极探索服务文旅融合的金融服务新模式。以下是思考这个问题的四个思路。

第一个思路是如何利用文旅融合优势，组合并创新使用金融工具。文化金融服务要充分利用文化资产，要体现文化的价值，同时也要根据文化生产特点设计金融服务方案。旅游金融工具设计要充分利用客流量、现金流等行业特点；旅游产业具有较多的土地、林地等资产，能够较方便地提供抵押；旅游产业拥有的文化资源很多是具有实物形态的文化资源，如古建筑等，一些能够进入市场进行流转的文化资源具有较高的增信价值。基于文旅融合新模式和新型产业链的金融服务是文旅金融的主要方向，如仓单质押贷款、应收账款抵押贷款、文旅数据资产抵押贷款等产品

第五章 产业服务：文化产业金融服务的深化与扩展

创新，以及基于文旅模式进行发行文旅融合债券、进行文旅 ABS 产品开发等。

第二个思路是如何在文旅融合重大项目的服务中探索新模式。党的二十大报告提出"实施重大文化产业项目带动战略"，这对文旅融合发展来说也是个重大机遇。新型文化和旅游综合体等项目需要较大的固定资产投资，可充分发挥政策性、开发性金融的作用。同时，可结合乡村振兴战略等国家战略，结合绿色金融、普惠金融等金融服务，共同服务文化旅游融合项目。在重大文旅融合项目投融资领域，还要充分利用地方政府专项债、公募 REITs 等工具。

第三个思路是如何利用数字产业金融模式，服务文旅融合新型供应链。数字产业金融是以产业互联网为平台、以供应链金融为基础、以数字化手段服务特定产业的新模式，是产业金融服务的数字化，能够为服务文旅融合新产业链提供良好的解决方案。文旅融合的新产业链，业态和交易关系复杂，需要通过区块链、大数据等技术来统合起来。要结合文旅融合性产业的特点，升级文旅产业供应链金融服务、发展服务文旅融合的数字产业金融模式。服务基础是要推动文旅融合产业链的数字化和文旅企业资产数字化，服务核心是通过数字技术重塑文旅企业信用评价体系，从主体信用为主的评价模式向以交易信用和行为信用模式转型。

第四个思路是如何利用资本市场改革机遇，服务文旅融合企业成长。与纯粹的文化项目或纯粹的旅游项目比较，文旅融合项目更容易吸引资本的关注，文旅融合企业在上市融资通道上也更具有优势。要充分利用资本市场改革机遇,鼓励文旅融合企业尽可能利用好"新三板"改革和北交所扩容机遇。利用好债券市场注册制机遇推动发行更多文旅债券。发挥国有资本作用,完善新时期文化投资运营机制,激发社会资本热情,吸引更多资本投资文旅融合企业。

第 24 讲

版权金融机制、政策与创新实践简析[①]

【导读】

版权金融是金融体系服务实体经济运行机制的一种具体体现，其运行有自身特殊的机制，它结合了版权产业和版权资产的特殊性，同时结合了版权相关企业的特点。知识产权金融服务相关政策、文化金融政策等政策当中的版权金融政策，推动了版权金融和版权产业的发展。

随着我国版权经济与版权产业日益融入国民经济体系大循环，如何通过金融手段支持版权产业的健康发展已经成为我们着重研究的重要课题。尤其是在国际国内形势各种不确定因素强化的背景下，更需要加强版权金融相关研究和政策供给，以利于打造我国版权经济国际竞争优势。

---

① 本文原发表于《中国版权》（2022 年第 1 期），格式上有调整，内容上删减。

1. 版权金融的含义与机制

（1）什么是版权金融

版权金融这个概念体现了版权与金融之间的一种特殊关系，是关于金融如何服务版权的一种关系。在版权金融的含义中，"金融"是何种范畴，"版权"又是基于哪一种范畴，往往见仁见智，需要进一步讨论。

在欧美国家，版权经济和版权产业发展比较成熟，市场机制和知识产权法治环境也较为完善，围绕版权产业形成的版权金融市场实践非常丰富，主要版权金融形式是版权资产质押贷款、版权资产证券化（如"鲍伊债券"）、版权投资基金等。在我国，版权即著作权，版权金融这个概念较早出现于版权服务机构组织的交流活动[①]当中，在北京的地方性政策文本中也使用了相近的概念，如2012年北京市发布的《关于金融促进首都文化创意产业发展的意见》使用的是"版权金融创新服务"这个表述方式。2021年12月国家版权局出台了《版权工作"十四五"规划》，首次在国家级政策文件明确清晰使用了"版权金融"概念。

我国学者将发生在与版权经济活动中的资金融通活动当作一种新的金融业态，阐述了版权金融概念的含义。蔡尚伟、王玥（2012）认为，版权金融是指发生在与版权相关经济活动中的资金

---

① 2011年5月，北京东方雍和国际版权交易中心组织成立ICE版权金融俱乐部，是一种松散的交流机制。——作者注

融通的所有活动，版权金融是版权经济的核心，版权金融的发展对版权经济的发展乃至整个国民经济的发展会起到重要的促进和推动作用。① 郭宜（2018）将版权金融定义为"是指发生在与版权相关经济活动中的资金融通行为"。② 我与中国社会科学院研究员杨涛共同编写《文化金融学》时，也讨论了版权金融问题。我们从版权资产这个范畴讨论了与金融服务之间的关系，将版权金融定义为"一种基于版权资产形成的金融产品与服务体系及资本市场集合"。③

综合来看，版权金融的含义可从狭义和广义两个范畴上来认识。

狭义的版权金融，也就是上面所述的基于版权资产的版权金融。版权资产是重要的文化资产，是重要的知识产权类型和无形资产。版权的财产权部分具有经济属性，包括复制权、发行权、出租权、展览权、表演权、放映权、广播权、信息网络传播权、摄制权、改编权、翻译权、汇编权等，所以版权是一种具有经济价值的资源，这种资源经过一定的评估评价体系就能成为版权资产。金融服务最终关注的就是资产，而版权资产的特殊性决定了版权金融的特殊性。版权金融之所以可以作为一种独特的形态来研究和推进，首先是由于版权资源和版权资产。

广义的版权金融是基于版权产业的版权金融，是金融体系服

---

① 蔡尚伟，王玥.中国版权金融发展刍论［J］.思想战线，2012，3（38）.

② 郭宜.我国版权金融研究［J］.科技与出版，2018（11）.

③ 金巍，杨涛.文化金融学［M］.北京：北京师范大学出版社，2021.

务版权产业的一系列活动及由此形成的机制体系。世界知识产权组织（WIPO）将版权产业定义为版权可发挥显著作用的活动或产业，并将版权产业构成分为核心版权产业、相互依存的版权产业、部分版权产业及非专用支持产业四个部分。这一定义和构成参考了美国国际知识产权联盟对版权产业的定义。我国的版权产业统计和研究，主要使用"版权产业"和"版权相关产业"概念，分类基本脱胎于世界知识产权组织的分类标准。[①] 基于版权产业的版权金融可以将所有与版权产业相关的金融活动都计入版权金融范围内，相对宽泛，不必考虑是否与版权资产直接相关，有些金融活动不具备版权特色，但在统计等方面都更容易操作。

关于版权金融概念中的"金融"范畴，我认为是指所有相关金融活动以及由此形成的相关机制体系，包括债权、股权、保险等相关工具的使用，以及相应的机构、市场和基础设施建设。在功能实现上，版权金融不仅有资金融通功能，还有风险保障等基本功能。有一种情况需要注意，虽然版权资产在特定情况下具有类金融资产性质，但将版权金融的"金融"理解为"资产金融化"会过于狭隘，而且存在一定的误导性。

（2）版权金融机制及基础

结合版权金融的狭义和广义两种含义，版权金融发生作用和

---

① 从2007年开始，受国家版权局和世界知识产权组织的委托，中国出版科学研究所（2010年10月更名为中国新闻出版研究院）按照《版权产业经济贡献调研指南》的方法，采用行业增加值、就业人数和出口贸易额及其在全国总量中所占比重这三类六项指标，连续开展中国版权产业经济贡献的调查与核算工作。

运行机制的主要内容有以下五点。

一是金融体系首先要实现资金融通的功能，也是基本的资源配置形式。金融体系由金融工具、金融机构、金融市场及金融基础设施共同构成。金融体系主要通过股权工具和债权工具为版权产业提供资金，而这些金融工具需要建立在版权资产的基础上。

二是金融体系通过风险管理工具对版权金融服务活动进行风险管理，包括保险、担保以及其他风险管理工具。

三是通过提供版权金融服务推动产业技术创新和产业结构调整，催生版权产业新业态，融入国民经济体系，形成高质量发展内循环。

四是通过提供版权金融服务，推动版权经济领域国际合作，形成外循环。

五是在机制体系当中围绕版权资源形成金融生态，版权从资源转化为资产，在一定条件下也可表现为一种资本。版权资本是将版权资产作为资本使用的情况。

版权金融是金融体系服务实体经济运行机制的一种具体体现，其运行有自身特殊的机制，它结合了版权产业和版权资产的特殊性。在这个机制中，金融工具和服务创新是手段，重要的基础之一是版权价值实现，也就是版权能够实现其经济价值。版权是一组有投资价值的权利，经过一系列传递与运营，其价值往往会呈现几何级数的增长。不是所有版权都天然具有经济价值和投资价值，版权一经诞生就可称为资源，就具备了成为资产的法律基础，但版权资源要通过价值评价才能成为一种可计量的资产。版权资产成为可以作为资本的资产，需要经过价值管理过程。版权价值实现需要具备一定的基础设施条件，主要包括：版权价值评估的标准，版权保护与管理制度，以及相关技术应用平台等。

除了版权资产和版权价值，版权金融机制的运行还需要结合版权产业和相关企业的特点，包括：版权产品的创作和生产特点，如个人创作和登记制度；版权产品的流通和消费特点，如推广成本较高的外部性；版权相关企业的经营特点，如创意管理特殊性及管理团队特殊性；版权相关企业的财务特点，如版权项目制下现金流等。

2. 我国版权金融相关政策

（1）作为公共政策的版权金融政策

我国政府相关部门鼓励版权金融的发展，鼓励并支持金融机构为版权产业和版权企业提供金融服务，相关政策我们可以称之为版权金融政策。版权金融政策是一种公共政策，是政府相关部门通过经济手段干预版权产业和版权产品的创作、生产、流通、传播、消费及其他相关社会生产关系的措施和行为准则。

我国目前还没有出台专门的版权金融政策，但分布在知识产权金融服务相关政策、文化金融政策等政策当中的版权金融政策，推动了版权金融和版权产业的发展。版权金融政策相关内容主要分布：第一，中央和地方政府出台的文化金融相关政策是与版权金融关系较为密切的部分。由于文化产业与版权产业的高度重合

第五章 产业服务：文化产业金融服务的深化与扩展

性，文化资产与版权资产的高度关联性，文化金融相关政策与版权产业和版权资产关系非常密切。我国中央和地方都出台了一些文化金融专门政策，如2010年中国人民银行、财政部等九部委联合发布的《关于金融支持文化产业振兴和发展繁荣的指导意见》（银发〔2010〕94号）、2014年发布的《关于深入推进文化金融合作的意见》（文产发〔2014〕14号）等；地方层面上的文化金融专门政策如2012年北京印发的《关于金融促进首都文化创意产业发展的意见》，2018年1月出台的《关于金融支持陕西文化产业进一步加快发展的指导意见》。

第二，知识产权相关政策是版权金融较为集中的部分。版权是知识产权的重要类型，所以知识产权金融服务的相关政策也可以作为版权金融政策的重要内容或依据。2008年《国家知识产权战略纲要》提出"进一步完善版权质押、作品登记和转让合同备案等制度"，2015年发布的《深入实施国家知识产权战略行动计划（2014—2020年）》提出了"知识产权金融服务"概念。近年来其他主要文件还有，2015年发布的《国务院关于新形势下加快知识产权强国建设的若干意见》（国发〔2015〕71号），2019年8月中国银保监会联合国家知识产权局、国家版权局发布的《关于进一步加强知识产权质押融资工作的通知》（银保监发〔2019〕34号），2020年财政部、国家知识产权局发布的《关于做好2020年知识产权运营服务体系建设工作的通知》等。在地方政府层面也将知识产权金融纳入知识产权政策当中，如2017年江苏省发布的《关于知识产权强省建设的若干政策措施》。

第三，文化相关总体规划中的文化经济政策当中也有版权金融相关内容。比较典型的是 2021 年 12 月国家版权局公布的《版权工作"十四五"规划》。中央和地方政府出台的文化发展规划、指导意见等，关于金融支持知识产权、著作权、无形资产、创意经济、版权经济等的政策，也多与版权金融政策相关，如 2017 年发布的《国家"十三五"时期文化发展改革规划纲要》，2021 年文化和旅游部发布的《"十四五"文化产业发展规划》等。

另外，在科技战略规划、科技金融等相关政策当中，涉及知识产权金融服务内容因含有软件著作权部分，所以也可以认为是版权金融政策的一部分。

（2）版权金融政策的主要内容

在我国目前出台的与版权金融相关政策的主要内容有：鼓励版权质押贷款；鼓励通过资产证券化、信托计划、融资租赁等金融工具进行融资；鼓励通过融资担保为版权相关企业和版权融资提供风险保障等。

版权质押贷款是最为常见的版权金融政策内容。2010 年发布的《关于金融支持文化产业振兴和发展繁荣的指导意见》提出，对于具有优质商标权、专利权、著作权的企业，可通过权利质押贷款等方式，逐步扩大收益权质押贷款的适用范围。在北京、江苏、上海、陕西等省市的文化金融专门政策中都将版权（著作权）质押贷款作为基本的产品创新要求提出，以解决文化企业尤其是中小文化企业的融资问题。2020 年 2 月，北京市文化改革和发展领导小组办公室印发《关于加强金融支持文化产业健康发展的若

第五章 产业服务：文化产业金融服务的深化与扩展

干措施》用专门一节提出"推动版权质押贷款"。2021年，国家版权局印发的《版权工作"十四五"规划》要求完善版权质押融资相关体制机制，提出推动自由贸易试验区（港）、服务贸易创新发展、文化体制改革等领域相关政策落地，完善版权质押融资相关体制机制，推动版权金融试点工作。

在版权资产证券化方面，2010年发布的《关于金融支持文化产业振兴和发展繁荣的指导意见》中要求，对于运作比较成熟、未来现金流比较稳定的文化产业项目，可以以优质文化资产的未来现金流、收益权等为基础，探索开展文化产业项目的资产证券化试点。2017年11月国务院印发《国家技术转移体系建设方案》，提出"完善多元化投融资服务"的具体措施之一为"开展知识产权证券化融资试点"。此后在中共中央、国务院发布的《关于支持海南全面深化改革开放的指导意见》和《关于支持深圳建设中国特色社会主义先行示范区的意见》等战略文件中都有鼓励进行知识产权证券化创新和试点的要求，根据我国当前的实践，知识产权证券化主要是版权资产证券化。在信托方面，2012年北京市发布《关于金融促进首都文化创意产业发展的意见》，较早提出鼓励设立艺术品、版权投资信托计划，促进艺术品、版权投资。在融资租赁方面，《陕西省文化金融融合发展三年行动计划（2019—2021年）》提出鼓励采用融资租赁等新型融资工具，对以影视剧版权、著作权等为租赁物的融资租赁方式获得的实际使用者可享受奖励支持。

就版权金融来说，版权资产评估体系是一种基础设施。在相关政策中关于版权资产评估评价的内容较多，主要体现在无形资产评估体系建设、知识产权评估体系建设等相关条文当中。陕西省提出建立"文化资产鉴定评估体系"，也含有版权类文化资产。《陕西省文化金融融合发展三年行动计划（2019—2021年）》提出，建立文化资产鉴定评估体系，探索文化资产标准化路径。重点支持开展书画、艺术品、影视、版权类文化资产鉴定、评估，通过建立文化资产分类数据库，形成特有的文化资产鉴定、评估标准，鼓励金融机构采用鉴定评估报告作为信贷审批参考。

版权金融政策相对薄弱的部分是版权企业债券发行（不含版权资产证券化）、版权保险、私募基金版权投资等领域。在这些领域中，虽然一些政策文件也有涉及，但密度和深度都不足，不足以显示版权金融的专业性。

（3）作为版权金融政策基石的相关产业促进法

法律可能被认为不是公共政策的一部分，但我们还是要关注相关法律对版权金融政策的重大影响。这里主要谈一下两部产业促进法：一是2016年11月公布的《中华人民共和国电影产业促进法》（以下简称《电影产业促进法》），二是2019年12月公布的《中华人民共和国文化产业促进法（草案送审稿）》（以下简称《文化产业促进法》）。

从版权产业与电影产业、文化产业的密切关系程度上来看，这两部法律的多数条款都适用于版权产业，尤其是《文化产业促进法》的内容。如果从与版权或版权资产的直接关系来看，这两部产业促进法的关于知识产权、无形资产的一些条款可作为版权金融发展的基石。

联系最紧密的是与版权相关的金融服务条款。《文化产业促进法》规定，国家鼓励金融机构为从事文化产业活动的公民、法人和非法人组织提供融资服务，依法开展与文化产业有关的知识产权质押融资业务，在依法合规、风险可控、商业可持续的前提下，加大对文化产业基础设施建设和改造的金融支持力度。《电影产业促进法》第四十条规定，国家鼓励金融机构为从事电影活动以及改善电影基础设施提供融资服务，依法开展与电影有关的知识产权质押融资业务，并通过信贷等方式支持电影产业发展。

另外，《电影产业促进法》第七条规定的"与电影有关的知识产权受法律保护，任何组织和个人不得侵犯"，以及《文化产业促进法》规定的"国家建立和完善文化企业无形资产评估、登记、托管、流转体系"等条款，也都是制定版权金融政策重要的法律依据。

3.我国版权金融创新实践

（1）版权金融工具创新实践

在政策的支持下，很多金融机构围绕版权进行了融资工具创新，其中主要领域是版权质押贷款、版权资产证券化和版权融资租赁等。2010年，中国银行浙江分行曾经在横店推出"影视通宝"产品，结合横店影视产业集群优势和融资，给优质影视企业提供短期授信，这个产品创新即采用了版权质押和应收账款质押相结合等方式。当前，在文化金融领域有较好探索的中国工商银行、北京银行、杭州银行、华夏银行等都有版权质押贷款产品。根据中国银行业协会 2018 年的一项调查显示，我国 40% 以上的银行都开发了文化产业信贷创新产品，其中版权质押贷款是重要的类型之一。

版权资产证券化是以版权资产作为基础资产，设计并向投资者发行一种可交易凭证的一种债券融资方式。版权资产证券化是版权金融的亮点，是文化产业资产证券化的典型类型。近几年我国知识产权证券化实践多与版权（著作权）相关，北京、海南、深圳、广州等地推出了一些产品创新，如"文科租赁 3 期资产支持证券""奇艺世纪知识产权供应链金融资产支持专项计划""第一创业—文科租赁一期资产支持专项计划"等。

在融资方面，版权融资租赁也是近年来有所突破的版权金融领域。北京文化科技融资租赁股份有限公司自成立以来，针对广播影视、动漫、游戏、文艺演出等行业，为数百家文化企业提供了以影视剧版权、著作权、专利权等为租赁物的融资服务，融资额达数十亿元，无形资产类标的物包括播放版权、电视转播权、商标权等。

（2）版权金融的组织创新与服务创新实践

我国以文化产业而非版权产业作为国民经济统计体系的一种产业形态，振兴和发展文化产业是国家战略，政策已经体系化，金融机构的组织创新主要是以文化金融组织创新形式出现的。这部分的政策与创新服务与版权产业关系密切，所以可认为是版权

第五章 产业服务：文化产业金融服务的深化与扩展

金融服务创新的一种形式。我国近年来在文化金融领域也有一些组织创新方面的亮点，银行在文化金融服务的组织创新主要有三种，分别是成立文化金融事业部、成立特色支行以及成立专营支行。在组织创新基础方面，银行等信贷机构为文化企业和版权相关企业提供的服务创新得以更加顺畅，主要是在信用评级、信贷资源配置、贷款利率、不良贷款容忍度等方面对文化企业和版权企业有所倾斜，同时还创新业务流程，提供更便捷的服务通道。一些银行创新风险管理机制，与政府部门联合进行风险缓释机制设计；一些银行还提供与股权投资相结合的服务方案。

银行成立专门服务于版权产业的专营支行是版权金融服务的重大创新，北京银行在这方面率先展开了探索。2021年4月，北京银行与北京市委宣传部、西城区政府、中国版权保护中心签署"共建北京版权资产管理与金融服务中心"合作协议，创新以版权资产为核心的金融服务机制，补贴企业咨询费用、升级版权资产管理服务、优化质押登记流程、建立绿色审批通道、搭建投贷对接机制，推进建设全国首家版权金融专营支行。

在文化融资租赁方面，成立了专门金融机构，如北京文化科技融资租赁股份有限公司、文投国际融资租赁有限公司等。其他金融机构专门针对文化行业或版权产业的组织创新较少。我国各地设有版权交易中心，作为一种基础设施性的机构，虽然在版权评估、版权交易、版权融资服务等方面有所创新，但还未完全发挥版权金融"基座"的作用，在新形势下需要进一步改善和寻求突破。

（3）IP 与金融服务：版权金融的一种突破

版权资产在特定时期具有一定的金融资产属性，因此有极高的投资价值。IP 就是一种具有较高投资价值的版权资产，导致曾有一段时间多家机构"囤积"各类 IP 以待升值。由于 IP 强烈的市场导向，围绕 IP 形成的以股权投资为主、其他金融服务协同的金融活动形态，在一定程度上推动了版权金融的发展。很多企业设有专门的 IP 管理部门，私募股权基金在尽调和评估报告中将 IP 作为重点资产进行评估，银行也将文化企业是否有 IP 作为风险管理的重要参考指标。

IP 概念源自英文知识产权（intellectual property）一词的缩写，但在中国的泛文化产业界，它除了是一种知识产权，还有特殊的含义，实际上是指市场导向极强的优质版权。我曾提出，IP 是我国当代消费经济和互联网经济时代的特殊产物，多数 IP 有一定的互联网基因，是现代传播体系下对消费者（或"粉丝"）的需求判断，人们借助 IP 阐释了另类版权概念。显然，在 IP 这个语境下，人们描绘的新市场更容易吸引资本的热情，围绕 IP 进行资本运作更具前景。[①] 我国近年来 IP 概念热度不减，已经从网络影视领域扩展至泛文化领域，文化、体育、旅游、创意融合性产业的企业都以拥有或打造 IP 为重要工作，更多的金融机构将关注 IP 这一特殊的市场现象。围绕 IP 的版权金融更加关注直接融资市场，更

---

① 金巍. IP产业和IP金融大有可为［Z/OL］. http://stock.hexun.com/2016-06-19/184473471.html.

加重视市场价值,是版权金融发展中的一种突破。

4. 总结与展望

版权金融是服务版权产业的一系列金融活动及相关体系,有其自身的运行机制。我国政府相关部门出台了相关政策鼓励金融支持版权产业,推动了版权产业的发展。在政策和市场力量合力推动下,版权金融实践已经有了较大的进步,出现了一系列围绕版权的金融产品创新,推出了一些组织创新与服务模式创新,在IP市场的金融服务方面也有了突破。

推动版权金融发展,不仅有利于促进版权产业和版权经济,也有利于国家文化发展繁荣和国家软实力的提升。我国的版权金融虽然取得了一定成绩,但仍处于初级的发展阶段。我国尚未推出专门的版权金融政策,相关立法也较为滞后,在创新实践上有很多空白和短板(如版权保险),金融科技垂直应用程度也显不足。

当前我国经济和文化发展都进入了新的发展时期,不确定性因素增加,供给需求和预期都面临压力。我国已经出台各项应对战略和政策,版权产业和版权金融发展既面临挑战,也有重大机遇。发展版权金融应积极贯彻国家战略,积极拥抱数字经济和数字技术,积极适应国际版权经济合作趋势,重点推动版权金融的专业化、体系化、数字化发展,走出一条适合我国国情的版权金融高质量发展之路。

第25讲

文创金融：关注文化生产最活跃的部分[①]

【导读】

　　文化生产领域的文化创意、技术创新和创业代表了文化产业发展的新力量，是文化生产最为活跃的部分，也是金融服务文化产业时最应关注的部分。金融服务好文化生产"三创"架构，能够为服务整个文化产业创新系统打下基础，也能够为文化产业转型升级提供资本支撑。

　　文创金融与文化金融是非常相近的概念，可以看作是文化金融的一种特殊形态。文创金融也是服务文化生产的，不过与文化金融有所不同的是，文创金融应关注文化生产最活跃的部分，焦点在于"创"字。哪些领域可以归为"创"的范畴？我认为，"文创"包含了创意、创新和创业的"三创"体系，基于"三创"的文创金融与一般意义的文化金融在服务对象和服务路径上有一定区别。

---

① 本文原载于《经济观察报》。

第五章　产业服务：文化产业金融服务的深化与扩展

1. 内涵释义：文创金融关注范畴的重建

一些金融机构和研究机构在金融服务文化产业这个领域使用了文创金融这个概念。我曾经写过一篇公众号短文，专门分析文化金融、文创金融及文旅金融三个概念之间的区别，后来被新华财经客户端和人民文旅转载。①② 我的主张是，发展文创金融在关注点上应与文化金融有所区别，应专注于金融如何支持文化产业的创新、创意、创业，也就是应专注于"三创"。

实践当中常有使用文创金融概念，应与"文化创意产业"这个概念有较大关系。我国曾在不同层面长期存在"文化产业"与"文化创意产业"同时使用的情况，国家统计局有"文化及相关产业"统计标准，而北京、上海、深圳、成都等地都曾使用或仍在使用"文化创意产业"概念并有相应的统计标准。所以，一些机构使用文创金融概念，原本的含义应是基于文化创意产业的金融服务活动。2018 年 5 月，中宣部和国家统计局发文要求加强和规范文化产业统计工作，明确不能以文化创意产业等概念代替文化产业概念，全国大部分地区宣布不再使用文化创意产业这个概念，统计标准也按照国家统计局统一标准执行。在这个前提下，文创

---

① 金巍.辨析文化金融、文创金融和文旅金融这三个概念间的差别［N/OL］.新华财经，2020-12-16. https://bm.cnfic.com.cn/share/index.html?app=xhcj#/share/articleDetail/2143216/1.

② 金巍.辨析文化金融、文创金融和文旅金融这三个概念间的差别［N/OL］.人民文旅，2020-12-17. https://www.peopletrip.cn/jq/69735.jhtml.

金融在内涵解释上也似乎失去了原有的产业基础。

但是文创金融并非无法自洽。我们可以撇开产业金融角度，将文创金融理解为基于文化产业发展中特殊形态的金融活动，这些特殊形态体现在"创"字上，即创意、创新和创业，如此一来，文创金融的含义与原来基于文化创意产业的文创金融就有了较大的扩展，也形成了文创金融不同于文化金融的服务范畴。

我们可以从发展要素（或增长要素）及文化产业创新体系来理解创意、创新和创业的基本含义，以此进一步重建文创金融的合理范畴。从要素上来看，文化产业创新体系可分为制度创新、知识创新、技术创新、文化创新、人才创新、管理创新等部分。其中的文化创新主要表现为文化创意，技术创新表现为文化科技进步和数字技术创新，而文化产业创业群体从"人"这个要素角度表现了人才创新的意义。

第一，由文化创意决定的范畴延伸。文化生产或文化产业中的创意，就是文化创意。2008年，联合国贸易和发展会议（UNCTAD）将文化创意定义为：包括想象力在内，一种产生原创概念的能力，以及能用新的方式诠释世界，并用文字、声音与图像加以表达。在文化产业创新体系内，文化创意代表了文化创新，创意是文化要素发生作用的具体表现。在生产过程中，创意本身是一个有目的的系统过程，创意成果以著作权（版权）为要素形式。创意也是一种创新，从经济形态上来看，以创意为核心形成的创意经济形态，可以看作是一种不同于创新经济的一种独特形态。从创意和创意经济这个层面看文创金融的范畴，与原有的

第五章 产业服务：文化产业金融服务的深化与扩展

基于文化创意产业的文创金融有一定的重合，只不过范围更广一些。

第二，由技术创新决定的范畴扩展。文化生产的创新，广义上包含多种创新领域。经济学家熊彼特开启了包含技术创新和非技术创新的创新理论，除了技术创新，我们可能还要关注制度创新、组织创新、市场创新等，经济学家索洛则建立了用于证明技术进步对经济增长的贡献率的"索洛余值"（solow residual）和"全要素生产率"（TFP）模型。当下的语境，创新一般会指向科技创新或技术创新。新的时期，文化产业的技术创新主要表现为文化科技的发展和数字技术在文化领域的应用。从关注文化企业的技术创新角度上，文创金融的范畴超出了文化金融的范畴，需要与科技金融（科创金融）融合，这时候的文创金融可以说就是服务文化产业的科技金融。

第三，由文化创业决定的范畴提升。文化产业的创业，包括组织和人两个方面，其根本是人。从组织上来看，主要是创业型企业。创业起点的表现形式主要有：初创企业并冒险、组建新团队开展新业务、组合新企业开发新市场等，这些形式会依托相应的组织进行，但根本上是依赖人的要素。在文化产业，创业更多依赖个人，因为个人具有的创意能力、技术，独立而冒险地从事一个不确定性较强的事业。这些人构成了文化产业的创业群体。文化产业的创业群体较多地体现为一个创意阶层，是"具有特别创造力的核心"[①]那一部分，既有文化艺术方面的，也有技术方面的。创业型企业和创业群体从创业初始就是与天使投资紧密相关的，因为创业企业孕育了很多财富的机遇。但债权类资本往往出于资本安全性原则较少关注这个群体。文创金融服务范畴涵盖这个群体，是从生产的"人"这一要素来评估机会和收益的，是服务范畴的一种提升。

2. 时代意义：文创金融关注文化生产最活跃的部分

我曾在一篇文章中提出过一个文化产业创新的"三创体系"，内容即是创意、创新和创业，认为"创意、创新、创业分别构成了文化产业创新的经济特征、核心竞争力和人的要素"。从经济学的角度来看，如果构建一个文化产业的函数关系，这三个部分可能包含了产业增长 $y=f(x)$ 中的制度、文化、技术、管理、知识等几乎所有 x 变量。在这个"三创"架构下，我们聚焦在文化产业的文化创意、技术创新和创业群体三个方面来探讨文化金融，正是文创金融。

文化生产领域的文化创意、技术创新和创业为什么值得关注？意义何在？因为"三创"代表了文化产业发展的新力量，是

[①] 美国学者理查德·弗罗里达在《创意阶层的崛起》认为：除了劳动者阶层（working class）、服务业阶层（service class）以外，一个新的阶层在悄然兴起，那就是创意阶层（creative class）。佛罗里达把创意阶层分成"具有特别创造力的核心"（super creative core）和"创造性的专门职业人员"（creative professionals）两个组成部分。

第五章 产业服务：文化产业金融服务的深化与扩展

文化生产最为活跃的部分，也是金融服务文化产业时最应关注的部分。关注这些部分，无论对于文化产业高质量发展、文化强国建设，还是对于国民经济体系中的产业结构调整、稳定就业等，都有更加积极的意义。

第一，文化创意体现了现代文化产业发展中的核心创新能力。所谓文化创新，首先是内容创新，也就是通过新的意义、符号和思想去突破旧的桎梏，从而实现新的价值。当代中国要建成文化强国，不仅要在文化事业和公共文化领域鼓励文化创新，更要在文化产业领域鼓励文化创新，而这些创新需要创意能力。更广泛来说，由于文化生产具有较强的融合性，文化创新还要在泛文化产业和创意经济范畴上来推进。我们要在消费品工业、农业、制造业、建筑业、旅游业、体育业等领域鼓励文化创新，就是要提升融合性产业的文化创意能力，也就是要提升经济发展中的"文化含量"和发挥产业发展中的"文化动力"。

第二，文化产业技术创新是数字经济时代文化产业高质量发展的重要路径。我国一直鼓励文化科技创新，出台了《国家文化科技创新工程纲要》和《关于促进文化和科技深度融合的指导意见》等重要政策文件。从 2012 年开始，我国就"实施文化数字化建设工程"，而当下的文化领域数字化更表现了极大的创新活力。我国经济社会发展正处于发展的关键时期，数字技术与数字经济为我们提供了重大机遇。数字经济是高阶的新经济形态，是未来数十年国际竞争的重要领域。我国正在实施国家文化数字化战略，数字技术正逐步进入文化生产和文化消费领域，数字文化产业蓬勃发展，数字文化企业受到资本市场的青睐，正在成为文化产业结构中的中坚力量。

第三，新时期文化产业发展仍需要大量创业型企业和创业群体。当下的经济发展，最重要的是激发市场活力，而市场活力来自人、来自基层。我国从2015年开始将"大众创业"作为一种战略，似乎瞬间我们便进入全民创业时代，而在文化领域，二十年来的所谓繁荣，很多正是来源于创业群体。鼓励创业，能够扩大就业，催生新的业态，产生新的领导力量，能够带动经济发展。这部分是文创金融需要特别关注的部分。因具有缓解就业困境的功能，大众创业一直被寄予厚望。党的二十大报告也指出，要完善促进创业带动就业的保障制度，支持和规范发展新就业形态。但是大众创业也并非万能钥匙，我曾写过一篇短文《严防扭曲大众创业》，文中提出"大众创业"不是"人人创业"，工作重点不是要增加多少市场主体，而是要营造创业的外部环境，助力现有小微企业，监督引导大中型企业，建立内部创业机制。

3. 服务路径：基于"三创"架构的分析

创新、创意和创业，这三个相对独立的领域在文化领域能够最大限度地融合交织在一起，"三创体系"具有天然的合理性和逻辑性。这种天然的关系表现为一种三维关系，一种三角支撑的平台关系，更准确地说，它表现为一个各种要素和因素交织的复杂系统，这个系统中的系统要素都是由创新、创意或创业者三个概念造成的。[1]

从文创金融来看,"三创体系"构成观察和分析的三创架构,也就是一个三维架构,服务好这三个维度,就为服务整个文化产业创新系统打下了基础,也就为文化产业转型升级提供了支撑。第一维度是基于企业文化创意(文化创新)的金融服务,关注文化要素,体现创意能力和传播能力。第二维度是基于文化科技创新的金融服务,关注技术要素,赋能文化生产、传播和消费。第三维度是基于文化企业创业的金融服务,主要关注人的要素,关注创业群体和文化企业家(如图5-1)。

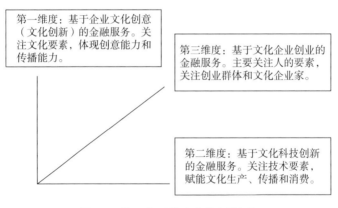

图 5-1 基于"三创"架构的文创金融

第一,基于企业文化创意(文化创新)的金融服务。

在这个维度的文创金融,是文化金融的主体部分,我国出台

---

[1] 张洪生,金巍.创新的力量——美丽中国建设路径探析[M].北京:北京时代华文书局,2014.

的文化金融相关政策，支持文化创新是最为重要的内容之一。金融要服务文化创新，有这样几个层次：一是产业层次上主要是支持内容产业创新，多出文化精品；二是企业管理层面，支持在创意管理方面具有竞争力的企业，就创意能力做出合理的价值评估；三是动能和动力层次上，支持所有以文化和创意为新动能的产业和企业，包括体育和旅游等；四是资产层次上，要支持无形资产、版权在文化生产中发挥资产价值。

银行体系在支持文化创新和创意方面有一些创新产品，如北京银行的创意贷、创意设计贷等。银行推出的版权贷、著作权质押贷等产品，体现了文化创意的价值，以版权资产为核心开展的版权金融是文创金融服务的新路径。一些股权资本投资机构对一些文化企业的创意能力进行评估，并体现在企业价值总评价当中。由于文化创意不仅存在于内容产业和文化产业，所以这个维度的文创金融服务对象也并不局限在内容产业和文化产业，而是遍布整个经济体系。

第二，基于文化科技创新的金融服务。

这个维度的文创金融，就是文化生产领域的科技金融（或科创金融），我国在科技金融发展方面的很多政策都适用于文创金融。《中华人民共和国国民经济和社会发展第十四个五年规划和2035年远景目标纲要》提出要完善金融支持创新体系；2022年4月，中央全面深化改革委员会第二十五次会议审议通过了《"十四五"时期完善金融支持创新体系工作方案》，这是发展科技金融的重要指导性文件，对文化科技创新领域也有重要意义。科创金融是我国区

第五章 产业服务：文化产业金融服务的深化与扩展

域性金融改革的重要主题之一，中国人民银行等部门已经推动山东济南、长三角五城市（上海市、南京市、杭州市、合肥市、嘉兴市）、北京中关村等地建设"科创金融改革试验区"，文创金融可借鉴相关政策和实践，文化科技企业也要利用好这些政策机会。

金融服务文化生产的技术创新与一般的科创金融会有不同之处。文创金融服务文化生产，要关注技术创新给文化产业和文化企业带来的变化，包括新型商业模式、新型业态，以此作为提供金融服务的基础。要关注文化企业的技术创新管理能力，要适应文化企业的技术创新周期，为企业技术创新助力。要利用知识产权金融模式，围绕文化企业的专利等知识产权提供金融服务。应推动文化科技型向"专精特新"科技型企业靠拢，推动这些企业在科创板和北交所上市。

第三，基于文化企业创业的金融服务。

创业群体可能是大型企业的创业单元，但更多存在于中小微企业当中。我国在金融扶持小微企业方面出台了很多政策，能够为文化产业创业型企业和创业群体提供一定的政策保障，如2022年中国人民银行印发的《关于推动建立金融服务小微企业敢贷愿贷能贷会贷长效机制的通知》和中国银保监会印发的《关于2023年加力提升小微企业金融服务质量的通知》等。一些地方政府联合银行等机构对创业型企业和个人出台了专门的支持政策，有很多信贷类产品，如"创业贷""创业提振贷"等。创业是风险较高的领域，但也意味着更高的利润，所以股权投资尤其是天使投资对创业型企业情有独钟，只不过这种直接融资一直比重不高。

不是所有小微企业或初创企业都是创业型企业,创业企业的人员也不都是创业群体。在相关政策体系下,认定为创业型企业对金融机构来说非常重要。所以不论是债权融资还是股权融资,金融机构服务文化产业的创业企业,都要考察认定为创业型企业的一些条件。认识创业,重点不在是否"初创",重点在于创业的过程,要看是否拥有新技术、拥有新模式,要看是否具备敢于冒险的创业团队,是否具备创业精神和创业机制等。针对创业型企业用款急、期限短、频次高的资金需求,一方面要加大数字金融服务力度,提高债权类融资的效率,降低融资成本,另一方面仍要激活民间资本市场,激发数万家中小私募基金投资创业型企业的热情。

第六章

区域发展:文化金融的融入与赋能

第26讲

发展区域文化金融　助力城市文化经济[①]

【导读】

城市文化经济发展不仅是文化问题，也是经济问题，更是社会发展问题。发展文化金融是促进文化发展的重要手段，是城市文化经济发展的现实需要。在城市视角上，我国区域文化金融发展迅速，积累了经验，形成了一些文化金融中心城市，为发展区域文化金融提供了示范。发展健康有序的区域文化金融，能够通过影响文化产品供给、消费、产业布局、城市更新及文化贸易等方面等促进城市文化经济发展。

我国区域文化金融形成了良好发展态势，推动了区域文化产业和城市文化经济的发展，也形成了多个文化金融中心城市。城市文化经济是城市经济的重要组成部分，在现代经济发展背景下，城市文化经济发展如何，受到各界的重视。发展文化金融，促进

---

① 本文由作者在2023年10月21日在深圳举办的2023年城市文明发展论坛（UCDF 2023）分论坛上的主旨发言整理而成，原标题为"以文化金融助力城市文化经济发展"。

文化产业发展，是助力城市文化经济发展的重要路径。这个命题的关键是如何以城市发展视角来推动区域文化金融发展。

1. 城市视角的区域文化金融发展情况

近年来，区域文化金融发展迅速。从城市角度来看，东部地区的北京、上海、南京、广州、深圳、杭州、青岛，中部地区的武汉、长沙、开封，以及西部地区的成都、重庆、西安、昆明等地均比较重视文化金融发展，文化金融发展都取得了长足的进步，文化金融对城市文化经济的贡献率大大提升。这些城市大多数都是金融业和文化产业基础都比较好的城市，已经成了不同层次的文化金融中心城市。它们依托资源禀赋和区位优势，培育了文化金融生态，形成了一定市场规模，具备了一定的区域特色，为发展区域文化金融提供了示范。

北京是我国最早出台文化金融专门政策的地区之一。2009年7月，由中国人民银行营业管理部、北京银监局联合出台的《关于金融支持首都文化创意产业发展的指导意见》是全国最早出台的文化金融专门政策之一，此后北京连续出台文化金融专门政策。主要包括2012年的《关于金融促进首都文化创意产业发展的意见》、2018年的《关于促进首都文化金融发展的意见》，以及2020年2月印发的《北京市关于加强金融支持文化产业健康发展的若干措施》等。北京持续推动"投贷奖""房租通"等政策，其中"投贷奖"政策已支持文化企业3 931家（次），支持金额16.55亿元，

第六章 区域发展：文化金融的融入与赋能

支持金融机构232家（次），支持金额3.69亿元。[①] 北京建立"文创板"融资服务平台，建立文化企业上市培育基地，为文化产业发展提供了有力的支持。北京银行在北京成立了三家文创专营支行，多家特色支行，截至2023年6月末，北京银行文化金融贷款余额858.5亿元，累计为万余户文化企业提供信贷资金超4 300亿元。北京文化金融发展的特色是政策领先，建立全方位文化金融服务体系，文化金融已成为首都金融的五大金融业态之一。北京文化金融未来的发展还有很多方面需要完善，应在服务全国文化中心建设这个总定位上，加强全国性文化金融基础设施建设、首都文化金融生态圈、多层次资本市场构建（推动文化企业在北交所上市）等方面投入更多资源。

南京和宁波是长三角经济带的重要城市，是我国文化金融发展比较独特的城市。南京文化金融被称为"南京模式"。从2013年开始，南京便出台了一系列政策支持文化金融发展，成立了全国首家文化金融服务中心，并以南京文化金融服务中心为平台建立文化金融公共服务体系。南京建立了"文化银行"服务体系，有10家银行被授予"文化银行"。南京文化金融的特色还有优先服务小微文化企业、文化金融与科技金融协同等。南京文化金融未来发展需在股权投资市场等领域补短板，在保持优势的基础上推动服务数字文化经济与重大文化产业项目，服务南京都市圈和

[①] 李洋. "投贷奖" "房租通"成为文化产业响当当政策[N].北京晚报，2023-10-12.

长江经济带文化产业发展。宁波是我国最早的沿海开放城市之一，民营经济发达，是首批国家文化与金融合作示范区创建城市。宁波致力于打造多层次、多元化、综合性的文化金融产业链，鼓励银行创新"文化贷"等产品，设立多个产业基金对接文化企业融资需求，推动宁波文旅产业有效对接多层次资本市场。宁波文化金融未来在保持原有特点的基础上，还应积极开发文化贸易金融和国际文化金融合作领域。

广州和深圳是珠三角经济圈和粤港澳大湾区中心城市，是我国改革开放的前沿，也是文化金融创新的热土。广州具有良好的商业传统，文化产业和创意产业基础好，文化金融发展独具特色。广州文化金融发展的特点是多元化工具创新，在银行服务、融资租赁等方面有领先的创新服务，艺术金融方面也有一定特色。广州成立了多只文化产业基金，如粤港澳大湾区文化产业投资基金。广州市建立了常态化政银企合作机制，广州文化金融服务中心通过构建"一会一库一体系、多园多金多联盟"模式，积极服务文化产业发展。深圳依托雄厚的经济实力和改革前沿优势，推动金融支持文化产业创新发展，"文化＋金融"已成为深圳文化产业发展的显著特点和重要成果。深圳在文化产业信贷、版权资产证券化等方面进行了积极探索。深圳市政府投资引导基金成立多家涉及文化产业的子基金，文化类上市公司数量已达五十多家。广州、深圳文化金融未来还需在提高区域辐射力和大湾区平衡协调发展上做文章。

以上这些城市发展区域特色文化金融积累的经验，能够为其他地区发展文化金融提供示范。但我国的文化金融发展在区域上还呈现了不平衡的特点，尤其是西部和东北地区大多数城市的文化金融基本上还处于较为初级的阶段。因此更应积极统筹协调，健全合作互助、扶持补偿机制，加强人力资源交流，推动文化金融成熟地区模式外溢，促进后进区位实现特色发展。积极利用现代数字技术发展优势，建立基于数字网络的新型合作机制，促进中西部发展具有自身特色的文化金融，推动区域文化经济的高质量发展。

2. 发展区域文化金融对城市文化经济的作用

城市文化经济是以城市文化产业为主体、以创意产业、版权产业、文化旅游产业、体育产业等多种产业形态构成的经济形态。城市文化经济发展不仅是文化问题，更是经济问题，也是社会发展问题。发展文化金融是促进文化发展的重要手段，是城市文化经济发展的现实需要。发展健康有序的区域文化金融，能够通过影响供给、消费、产业布局、文化贸易等方面促进城市文化经济发展。

第一，促进城市文化供给和消费。

城市经济的重要特征之一是物质产品生产与精神产品生产的平衡。文化金融能够通过金融市场进行资本资源的有效配置，为城市文化经济提供资金供给。同时，文化金融通过金融机制，能够实现文化资源的有效配置，促进文化资源与金融资本、社会资本有机结合。发展有区域特色的文化金融，创新不同的文化金融产品，能够为文化生产企业提供资金，促进扩大文化生产规模，扩大文化产品供给。文化金融一方面通过推动文化产品供给来优化文化消费，同时可以通过消费金融等金融方式直接刺激文化消费的增长，达到供给和需求相互促进的效果。

第二，优化产业布局，促进产业创新。

文化金融的主体是文化产业金融，是为产业服务的金融体系。文化金融服务体系通过资源配置、风险管理等方面的功能，促进资源向紧缺部门流动、向更有社会价值的部门流动，从而调整文化产业结构，实现整体文化经济系统的优化。数字文化产业正在吸收更多的金融资本和社会资本，推动了城市文化产业的结构升级。文化产业链金融、供应链金融服务文化产业提供更为全面的增值服务，为产业链上下游企业进行创新资源整合，促进文化企业技术创新、组织创新和市场创新，培育新业态，增进新消费。

第三，促进城市更新，促进新型城镇化。

城市更新的重要内容是旧城复兴、老旧厂区改造利用、传统商业改造升级等，这些都需要大量资金，依靠财政投入是不现实的。文化金融正在通过服务城市文化创意产业园区、城市文旅休闲综合体等项目参与城市更新。北京、上海、南京的很多老旧商业正在成为新的文化园区、艺术大厦和文娱消费综合体。这些具有产业和商业性的项目，资本都能参与。城市更新运营服务商锦和商业和德必集团是以文化产业园区运营为特色的园区运营商，也是以文化创意促进城市更新的新势力，这两家企业都已经完成

IPO 上市，是文化产业资本市场的骄子。银行信贷对具有较好现金流的项目具有较高的评估，而具备一定规模的文化产业园区也可能通过公募基础设施 REITs 进行融资。

第四，促进文化贸易和文化产业国际合作。

国际化是很多一二线城市的目标。国际化的重要指标之一应是在文化产业方面参与国际分工，国际文化交流密切，文化产品进出口在文化产业发展格局具有重要地位。在双循环新发展格局部署下，城市文化产业更需要融入国际文化产业大循环体系。通过文化贸易和国际文化产业合作，具有竞争力的城市占据国际文化产业链的优势地位。文化金融能够通过贸易融资、信保增信及国际贸易结算服务，助力文化"走出去"，促进城市文化经济的国际化，实现城市经济发展整体提升。

3. 城市发展视角发展区域文化金融的建议

第一，积极贯彻区域协调发展战略，因地制宜，错位发展特色文化金融。

区域协调发展是我国的国家战略，文化产业的区域协调发展已经纳入国家相关规划当中。在 2035 年乃至更远的一段时期内，区域协调发展的文化经济，应是我国文化经济发展的重要方向。文化金融作为城市文化经济的重要支撑，也要围绕区域协调发展战略，服务文化产业的协调发展，实现自身协调发展。文化产业的战略责任就是文化金融的目标，区域文化经济协调发展应成为区域文化金融发展的重要依据。

党的十九大提出实施区域协调发展战略,在原有东部、中部、西部和东北"四大板块"基础上特别关注了特殊类型地区、大中小城市和小城镇协调发展、京津冀协同发展、长江经济带发展、资源型地区转型等区域协调战略内容。党的二十大进一步丰富和深化了区域协调发展战略内容,除了提出深入实施区域协调发展战略,还将区域重大战略、主体功能区战略、新型城镇化战略纳入促进区域协调发展的总框架当中。在国家区域协调发展的总框架下,国家对文化的区域协调发展问题也做了相关规划,中共中央办公厅、国务院办公厅印发的《"十四五"时期文化发展规划》中,主要内容包括"四大板块"协同创新、"老民边"、围绕区域重大战略的协同发展、城市群文化一体化发展、城乡文化发展新格局等。文化和旅游部发布的《"十四五"文化和旅游发展规划》提出加强区域间、城乡间文化产业发展的统筹协调,鼓励各地发挥比较优势,推动形成优势互补、联动发展格局;还提出围绕国家重大战略发展京津冀、粤港澳大湾区、长三角、成渝双城"四大文化产业群"和黄河、长江、大运河"三大文化产业带",引导区域间文化产业园区结对帮扶,推动文化产业发展融入新型城镇化建设,大力发展乡村特色文化产业等。

统筹、协同、合作、融合成为新发展阶段文化发展的关键词,国家区域协调发展战略及文化发展区域协调发展政策为文化金融服务区域文化产业发展指明了方向,为发展区域特色文化金融提供了良好政策环境。在区域协调发展战略下以文化金融促进城市

第六章 区域发展：文化金融的融入与赋能

文化经济发展，有几个方面值得关注：东部城市文化金融发展引领带与城市群文化一体化发展；东部沿海城市海洋文化金融发展；成渝经济圈文化金融发展创新；结合旅游金融、绿色金融和普惠金融的中西部区域特色的文化金融服务模式；结合东北老工业基地振兴与特色文旅发展的东北城市文旅融合金融服务模式创新等。

第二，积极推动文化金融纳入区域金融发展规划当中。

在很多城市，文化金融正在通过促进文化经济发展为区域经济做出贡献。北京市、四川省、江苏省南京市等地较早将文化金融纳入区域金融发展规划。北京市在2011年发布的《北京市"十二五"时期金融业发展规划》中就明确提出"加快健全文化金融服务体系"，是我国较早将文化金融纳入区域金融战略规划的地区。此后，《北京市"十三五"时期金融业发展规划》和《北京市"十四五"时期金融业发展规划》，都提到了发展文化金融的内容，将文化金融与绿色金融、科创金融、数字金融等并列作为北京首都金融发展重要板块。2014年6月，南京市政府发布《关于全面深化金融改革创新发展的若干意见》（宁政发〔2014〕172号），将文化金融作为南京市重点发展板块之一，与科技金融、产业金融、互联网金融等特色金融并列，并首次在正式的政策文件中提出要构建文化金融创新的"南京模式"。

无论是中央政府还是地方政府都非常重视区域金融发展，央行正在推动的区域金融改革试点已经形成了一定成效。文化金融目前还不是区域金融改革试点内容，但正在成为很多城市区域金融蓝图中重要板块。城市文化经济是城市经济发展必不可少的组成部分，金融是促进城市文化经济的重要手段，也是城市文化经济的特色业态。随着国家进入高质量发展阶段，建议以不同形式将文化金融纳入区域金融发展规划当中。

第三，充分利用创建国家文化与金融合作示范区的机遇。

国家文化与金融发展示范区创建工作可以视作文化金融融入区域经济的重要体现。2019 年，北京市东城区和浙江省宁波市被确定为国家文化与金融合作示范区创建地区。2022 年 6 月，国务院办公厅印发《关于对 2021 年落实有关重大政策措施真抓实干成效明显地方予以督查激励的通报》，其中在文旅板块对北京市朝阳区，江苏省南京市，浙江省宁波市，江西省景德镇市，山东省青岛市，湖北省武汉市，湖南省长沙市，广东省深圳市，重庆市渝中区，四川省成都市进行督查激励，具体激励措施包括择优确定国家文化与金融合作示范区。此外，文化和旅游部在"十四五"规划中提出推进国家文化与金融合作示范区提质扩容，确定了国家文化与金融合作示范区达到 10 个的目标。

发展区域特色文化金融，助力区域经济发展，应是国家文化与金融合作示范区创建重要评价指标之一。因创建工作有央行部门的参与，在区域金融改革中具有一定示范意义，可作为以金融促进城市文化经济的重要抓手。各地区应积极发挥自身条件和优势参与创建国家文化与金融合作示范区，发展具有区域特色的文化金融。

第 27 讲

关于首都文化金融发展的三个议题[①]

【导读】

北京是全国文化金融发展的风向标。北京文化金融是"首都文化金融",其战略定位基于北京是全国文化中心这个前提。从支持力度上来看,文化金融作为北京市"五大金融业"之一的重要地位没有充分体现出来。要充分利用全国科技创新中心、国际交往中心、国家金融管理中心的优势发展首都文化金融。

北京是全国文化中心,文化产业发展具有非常重要的地位。2020年,全市文化产业实现增加值3 770.2亿元,占地区生产总值的比重为10.5%。多年来,北京积极推动文化金融发展,助力文化产业繁荣,成为全国文化金融发展的典范。

在进入新发展阶段后,北京文化金融迎来新的发展周期。北京文化金融是"首都文化金融",这个概念有特定的指向性,要基

[①] 本文由作者于2023年2月与北京市文化产业投融资相关部门进行座谈时的发言整理而成。

于全国文化中心建设，要有首都特色，引领全国文化金融发展。就首都文化金融发展而言，我认为下面三个议题非常重要：文化金融在首都金融业中是何种地位？金融如何为全国文化中心建设服务？如何发挥首都优势发展文化金融？

1. 文化金融在首都金融业中是何种地位

北京不断优化文化金融政策体系和结构，完善文化金融服务手段，推动文化金融服务和工具创新，为北京全国文化中心建设和文化产业发展做出了重大贡献。

2003年，我国启动文化金融体制改革，文化产业发展进入新时期。北京以"文化创意产业"为发展重点，推出了一系列产业促进政策，其中对金融支持与服务也有政策上的设计。2009年7月，中国人民银行营业管理部、北京银监局联合出台了《关于金融支持首都文化创意产业发展的指导意见》，这是全国最早出台的文化金融专门政策之一，体现了全国领先性。此后北京连续出台文化金融专门政策，主要包括北京市银监局、北京市文资办2012年印发的《关于金融促进首都文化创意产业发展的意见》及2018年印发的《关于促进首都文化金融发展的意见》等。2020年2月，北京市文化改革和发展领导小组办公室印发了《北京市关于加强金融支持文化产业健康发展的若干措施》，将北京文化金融发展推向新阶段。

如今回头看早期北京文化金融政策内容，我们依旧可以感受到当年相关部门在政策设计上是用了心的，不仅框架和逻辑非常

第六章 区域发展：文化金融的融入与赋能

严谨，而且很多设计很具有前瞻性和开创性。北京推出"投贷奖"等政策措施，持续为文化产业"输血"、助力企业"造血"，是全国文化金融政策的典范。北京市构建了以"文创板"等为主要平台的文化金融公共服务管理体系，积累了大量经验。

经过多年发展，文化金融已经成为北京五大金融业态之一，这个定位应该没什么异议。这个定位基于以下的几个原因：一是文化在北京的重要性，决定了文化金融的重要性；二是北京文化金融发展迅速，市场规模大，体系完整；三是北京早已将文化金融纳入首都金融业发展的总体战略当中。

近年来，北京市召开的两次金融工作会议都将文化金融作为发展首都金融业的重要板块。2017年12月14日，北京市委市政府召开全市金融工作会议，研究部署首都金融工作，强调努力做强做优首都金融业，重点对发展科技金融、文化金融、绿色金融、普惠金融做了要求，其中要求文化金融要在文化、版权、旅游、体育等领域打造一批文化金融品牌。2021年12月24日，北京召开金融工作座谈会，会议强调要推动首都金融业提质增效，培育新增长极。其中提到了五大金融业态，包括科创金融、绿色金融、文化金融、养老金融和数字金融，会议指出，文化金融与全国文化中心建设息息相关，要鼓励金融机构围绕文化创意、知识产权和版权等领域创新金融产品，把文化软实力蕴含的能量充分释放出来。

北京很早就将文化金融作为金融业重要的板块。2011年发布的《北京市"十二五"时期金融业发展规划》明确提出"加快健全文化金融服务体系";2016年发布的《北京市"十三五"时期金融业发展规划》明确提出要"开展文化金融创新",与民生金融、数字普惠金融、绿色金融等并列作为重点发展任务的组成部分。2022年8月,北京市金融服务工作领导小组印发《北京市"十四五"时期金融业发展规划》,其中关于文化金融方面提出"服务全国文化中心建设,融合发展'文化+金融'"。北京文化产业主管部门对文化金融发展有较多的期待,在北京"十三五""十四五"文化相关规划中,文化金融都被列为重要工作之一。

那么,文化金融在首都金融业中的地位究竟如何?综合而言,北京虽然对文化金融很重视,但文化金融的地位仍显不足。同绿色金融、科创金融和数字金融等其他金融业态比较来说,手段上不够丰富,也没有配置更多资源,文化金融作为"五大金融业"之一的重要地位没有充分体现出来。

2. 金融如何服务全国文化中心建设

首都文化金融的战略高度,首先基于北京是全国文化中心这个前提。2020年4月,北京市推进全国文化中心建设领导小组发布《北京市推进全国文化中心建设中长期规划(2019—2035年)》(以下简称《规划》),其中提出"北京成为民族文化精华的展示地、各地优秀文化的荟萃地和先进文化潮流的引领地"的战略定位;并提出到2035年,全面建成中国特色社会主义先进文化之都,全国文化中心功能更加系统完善,文化建设对首都经济社会发展的驱动力更加强劲，大国之都文化国际影响力显著提升，成为彰显文化自信与多元包容魅力的世界历史文化名城。在文化产业方面提出，文化消费贡献度显著提升，文化产业创新活力不断迸发，成为具有世界影响力的文化创意中心。

这一规划是新发展阶段第一阶段期间北京文化发展的重要指针。在文化金融方面，《规划》提出要"提高金融对文化的支撑作用"，提出了多方面的重要任务。可分为两大部分，第一部分是政策、体系和基础建设方面的，包括：健全首都文化投融资服务体系，突破产业投融资瓶颈，建设首都文化金融生态圈；研究制定风险补偿、信用风险分担等政策；完善文化产业信用体系和无形资产评估体系；支持优化"投贷奖"政策；培育发展文化产业保险市场，等等。这些内容延续了以往工作，具有基础意义。第二部分是项目和工程建设方面的，包括：开展国有文化资本投融资平台试点；推动打造"文创板"；设立北京文创银行；建设国家文化与金融合作示范区；做大做强北京文化企业上市培育基地；推动设立北京市文化发展基金，放大财政资金引导功能，吸引社会资本参与首都文化产业发展。这些内容都具有开创意义，但其中部分工作难度也较大。

此《规划》是北京新发展阶段文化发展规划的总方案，金融服务全国文化中心建设，可以集中在两个方面思考。

一是金融要从战略上能够服务全国文化中心建设的总框架。服务全国文化中心建设"一核一城三带两区"总框架和总布局，即坚持以社会主义核心价值观引领文化建设，以历史文化名城保护为根基，以大运河文化带、长城文化带、西山永定河文化带为抓手，推动公共文化服务体系示范区和文化产业发展引领区建设。尤其是"一城三带"布局，其中有很多文化资源开发利用的产业项目，需要金融根据项目特点提供针对性金融服务。二是金融从功能上能够形成具有全国示范和引领作用的文化金融服务体系。包括能否形成具有全国示范作用并支撑北京文化产业规模的文化金融政策体系、机制；能否构建具有全国辐射作用和溢出效应的新型文化金融基础设施建设；能否建设具有全国影响力的文化产业资本市场体系等。

虽然《规划》在金融服务全国文化金融中心建设上有明确的设计，但其中的文化金融发展内容仍需进一步细化并认真落实，还有很多子议题需要仔细研究。例如，如何构建首都文化金融生态？投贷奖、房租通与风险补偿资金管理如何优化？"两区"建设文化金融服务如何推动？国家文化与金融合作示范区如何示范？打造"文创板"的具体内涵和目标是什么？设立北京文创银行如何推进？建设何种模式的国有文化资本投融资平台？新的北京市文化发展基金如何运作？

北京市"十四五"金融业规划也提出要服务全国文化中心建设，融合发展"文化+金融"，但其中一些措施也待进一步推进，如：如何建立"文化产权+创业投资+期望收益+信用评级"的运营模式？如何加强文化金融"一类一企一策"业务流程再造？如何做大北京文化企业上市培育基地？

3. 如何利用首都优势发展文化金融

北京发展文化金融的重要路径之一是充分利用首都优势。北京作为首都，除了是全国政治中心和文化中心，还是科技创新中心、国际交往中心，同时，北京还是国家金融管理中心，是全国证券交易中心城市之一，北京的城市战略定位对北京发展文化产业和文化金融来说都是极大的优势条件。北京应从以下四个方面发展文化金融。

第一，利用科技创新优势，打造新型文化金融发展模式。北京是全国科技创新中心，正在致力于建设国际科技创新中心，科技企业和科技人才集聚，优势明显，"三城一区"（中关村科学城、怀柔科学城、未来科学城和北京亦庄经济技术开发区）布局已初见成效。北京推动区域金融改革，正在建设中关村科创金融改革试验区，科技创新优势为北京的文化产业和文化金融发展提供了良好支撑。通过技术创新变革文化金融模式是当下文化金融发展的重要方向。在数字经济发展背景下，北京加快打造全球数字经济标杆城市，产业数字化进程加速，金融业数字化也成为大趋势。比较起其他城市，北京的金融科技公司众多，文化金融数字化有先天优势；北京文化产业资产市场巨大，文化金融服务市场需求旺盛。文化金融数字化这个命题应尽快摆上议事日程，系统考虑如何利用金融科技发展高质量文化金融，更加高效地服务文化产业发展。

第二，利用国际交往中心优势，实现文化金融发展国际化。北京是国际交往中心，是国家服务业扩大开放综合示范区和自由贸易试验区，在我国对外开放中具有示范性和领先性。北京的金融业改革开放也正在深化，世界著名银行、投资银行、国际银行卡清算机构、国际评级机构等都在北京扩大布局。113家国际组织在京落户居全国首位，北京市出台了《北京推进国际交往中心功能建设专项规划》，明确了战略任务、功能体系和空间布局，这些都为文化金融发展借鉴国际经验、加强国际交流与合作提供了极为便利的条件。在北京《"十四五"文化和旅游发展规划》中也提出，要在文化旅游服务"两区"建设中支持开展文化金融项目；利用国际交往中心优势发展文化金融，一方面应利用自贸区建设、天竺综合保税区建设这些开放平台和机制创新文化金融服务，强化文化金融服务文化贸易；另一方面还需探索建立文化金融国际交流机制，推动国际文化产业合作。北京市朝阳区发展金融业的主要方向是国际金融，可借助相关平台，开展相关学术交流活动，推动文化金融国际化。

第三，利用国家金融管理中心优势，打造独一无二的首都文化金融生态圈。北京是国家金融管理部门所在地，银行、证券、保险机构总部集聚地，各类金融市场主体众多。北京还是国家金融基础设施集聚地，具有支付清算、数据、征信、规制等各方面的优势。北京聚集了众多高端金融人才和经济、金融研究机构及智库，其中一些文化金融智库平台和文化金融研究机构已经具有全国影响力。这些条件能够吸引更多元化的市场主体、形成更丰富的金融文化场景，如何利用这些独一无二的先天优势打造首都文化金融生态圈是值得思考的重要命题。

第四，利用北京证券交易所扩容机遇，推动更多文化企业上市。设立北京证券交易所是党中央对资本市场更好服务构建新发展格局、推动高质量发展做出的重大战略部署，北交所的设立，将打通新三板和主板市场，使得北京可以完成多层次资本市场服务体系，意味着北京也成了全国证券交易中心城市之一，与上海、深圳错位发展，这对我国资本市场格局将产生重要影响。推动更多文化企业上市能够形成更有竞争力的文化企业集群，如何利用资本市场改革和北交所扩容历史机遇，推动更多文化企业上市，是体现北京文化产业发展和全国文化中心地位的重要指标。

第28讲

紫金山下的创新：南京文化金融发展观察[①]

【导读】

南京市先后发布数十项文化金融发展相关政策文件，政策密度和力度在全国也是不多见的。南京依托文化金融服务中心实现了综合服务平台化，同时推动了金融工具专业化、保障体系综合化，形成了"南京模式"。

自2013年以来，南京在文化金融服务体系构建和文化金融服务中心的建设上，形成了顶层设计系统化、综合服务平台化、金融工具专业化、保障体系综合化、优先服务小微文化企业的"四化一优先"功能模式总框架，闯出了适合自身发展要求的"南京模式"。在新发展阶段，南京文化金融业需要在保持特色基础上，适应新形势，持续创新，走上模式升级之路。

---

① 本文根据由作者主持的北京立言金融与发展研究院"南京文化金融十年发展报告"课题部分成果整理而成。

1. 以顶层设计系统化促进文化金融政策供给

在中央部门及江苏省相关文化金融政策指导下，南京积极推动文化金融顶层设计，推出了可供遵循和执行的一系列政策。2013年，南京市发布了《南京市文化与科技融合发展规划纲要》（宁文改发〔2013〕1号）和《南京市文化产业投融资体系建设计划》（宁委宣通〔2013〕56号），这是后来一直影响南京文化金融发展的两个奠基性政策文件。此后南京市先后发布数十项文化金融发展相关政策文件，政策密度和力度在全国也是不多见的。

从类型上来看，南京市制定的一系列文化金融相关政策主要有三大类（如表6-1）：一是文化与金融综合类，主要是文化金融类以及文化改革和发展规划、金融发展政策。二是执行和实施层面的文化金融专门计划及相应的办法。涉及的领域包括文化银行类、文化征信贷类、风险补偿资金和贷款利息补贴类、金融服务券类、抗疫扶持类、基金与股权投资类等。三是相关协同政策类，包括综合金融类、科技金融类和专项资金类等。南京市在出台金融相关政策时尽可能覆盖了文化金融领域，同时在财政政策等相关政策上予以协同。

表6-1 南京文化金融相关政策一览

政策类别		政策文件名称
文化与金融综合类	一、文化金融综合类	南京市文化与科技融合发展规划纲要（宁文改发〔2013〕1号）
		南京市文化产业投融资体系建设计划（宁委宣通〔2013〕56号）

文化金融 2

续表

政策类别		政策文件名称
文化与金融综合类	一、文化金融综合类	南京市创建"全国文化金融合作试验区"工作方案（宁委宣通〔2014〕49号）
	二、文化发展与金融发展综合类	关于全面深化金融改革创新发展的若干意见（宁政发〔2014〕172号）
		南京市推进文化创意和设计服务与相关产业融合发展行动计划（2015—2017年）
		南京市创意文化产业空间布局和功能区发展规划
		关于促进文化创意和设计服务与相关产业融合发展的实施意见
		关于培育新业态拓展新消费促进我市文旅产业高质量发展的实施意见（市府办〔2020〕47号）
		南京市"十四五"文化发展规划（宁委办发〔2022〕8号）
		南京市"十四五"文化和旅游发展规划
执行与实施层面文化金融专门政策	三、文化银行类	关于鼓励和促进文化银行发展的实施办法（试行）（宁委宣通〔2013〕64号）
		关于授予工商银行新城科技支行等五家单位"南京文化银行"的通知（宁文改发〔2015〕1号）
		南京市文化银行综合考核实施办法（宁金融办银〔2016〕3号）
		关于授予江苏紫金农村商业银行科技支行和招商银行南京分行城东支行"南京文化银行"的通知（宁金融办银〔2017〕5号）
	四、文化征信贷类	关于设立"文化征信贷"风险补偿资金池的通知（宁委宣通〔2016〕17号、宁财教〔2016〕133号）
		关于"文化征信贷"风险补偿资金比例调整的通知（宁委宣通〔2017〕45号、宁财教〔2017〕629号）

第六章　区域发展：文化金融的融入与赋能

续表

政策类别		政策文件名称
执行与实施层面文化金融专门政策	五、风险补偿资金和贷款利息补贴类	关于下达 2014 年上半年文化企业贷款贴息资金的通知（宁委宣通〔2014〕74 号）
		关于下达 2014 年下半年南京市文化银行贷款利息补贴的通知（宁委宣通〔2015〕77 号、宁财教〔2015〕913 号）
		关于下达 2015 年南京市文化银行贷款利息补贴资金的通知（宁金融办〔2015〕17 号、宁财外金〔2015〕891 号）
		关于下达 2016 年南京市科技银行和文化银行贷款利息补贴资金的通知（宁金融办银〔2016〕8 号）、（宁财金〔2016〕576 号）
		关于拨付 2016 年下半年南京市科技银行和文化银行贷款利息补贴资金的通知（宁金融办银〔2017〕6 号、宁财金〔2017〕520 号）
		关于拨付 2017 年南京市科技银行和文化银行贷款利息补贴资金的通知（宁金融办银〔2018〕6 号、宁财金〔2018〕407 号）
		关于拨付 2017 年南京市科技银行和文化银行贷款风险代偿资金的通知（宁金融办银〔2018〕7 号、宁财金〔2018〕621 号）
		关于开展 2018 年南京市科技银行和文化银行贷款利息补贴申报工作的通知（宁金融办银〔2018〕9 号）
		关于开展 2018 年南京市科技银行和文化银行贷款风险代偿申报工作的通知（宁金融办银〔2018〕10 号）
		南京市科技（文化）银行贷款利息补贴、增量补贴和风险代偿操作细则（宁金融办银〔2018〕5 号）
		关于印发南京市创新创业贷款实施办法的通知（宁政办发〔2019〕19 号）

续表

政策类别		政策文件名称
执行与实施层面文化金融专门政策	六、金融服务券类	南京市小微文化企业金融服务券实施管理办法（试行）（宁委宣通〔2014〕50号）
		关于发放2017年度南京市小微文化企业金融服务券的通知（宁委宣通〔2017〕25号）
		关于发放第二期南京市小微文化企业金融服务券利息补贴的通知（宁委宣通〔2017〕24号）
		关于组织申领南京市第三期小微文化企业金融服务券的通知（宁委宣通〔2017〕3号）
		第二期小微文化企业金融服务券利息补贴申报通知（宁委宣通〔2016〕69号）
		关于发放第一期南京市小微文化企业金融服务券利息补贴的通知（宁委宣通〔2016〕43号）、（宁财教〔2016〕395号）
		关于发放2015年度南京市小微文化企业金融服务券的通知（宁委宣通〔2015〕65号）、（宁财教〔2015〕666号）
	七、抗疫扶持类	关于加强文化金融稳企业保就业工作的意见（宁委宣通〔2020〕34号）
		金融支持文化产业稳企业保就业工作的实施方案（南银营发〔2020〕53号）
	八、基金与股权投资类	南京市文创天使跟投引导基金管理暂行办法（宁财规〔2016〕2号）
		南京市小微企业应急互助基金实施暂行办法（宁政办发〔2014〕132号）
		南京市新兴产业发展基金实施方案（试行）（宁政办发〔2017〕136号）
		南京市关于扶持股权投资机构发展促进科技创新创业的实施细则（试行）
		南京市级科技创新基金实施细则（试行）

续表

政策类别		政策文件名称
其他协同政策类	九、综合金融类	南京市股权质押融资风险补偿专项资金
		南京市融资担保风险分担试点工作实施办法（宁金融办地〔2017〕7号）
		南京市融资性担保业务补助实施办法宁政办发〔2014〕136号
		南京市促进融资担保支持小微企业、"三农"发展奖补实施办法（宁金监发〔2019〕173号）
		关于印发南京市民营企业转贷基金实施办法的通知（宁政办发〔2020〕60号）
	十、科技金融类	南京市科技银行创新发展实施办法（含南京市文化银行贷款风险代偿操作细则）(宁金融办〔2015〕1号）
		南京市科技保险创新发展实施办法（宁金融办〔2015〕2号）
		南京市政府关于加快科技金融体系建设促进科技创新创业的若干意见（宁政发〔2017〕142号）
	十一、专项资金类	南京市服务业发展专项资金管理办法（宁财规〔2018〕5号）
		南京市文化发展专项资金（产业类）管理办法（宁委宣通〔2019〕58号）

在新发展阶段，南京市文化产业发展面临新的挑战，文化金融政策既要促进发展、也要补齐短板，更要求发展质量，促创新。一是应加强文化产业私募股权投资和文化保险等领域的相关政策，补齐南京市文化金融服务中相对薄弱的一环。二是应推出更多法规性政策，深化文化金融实施效果。三是强化与科技金融、普惠

金融、数字金融、绿色金融、自贸区金融等政策协同。四是对文化金融服务中心的建设和发展给予更多政策扶持，以利于配合文化金融服务中心模式在全国进行推广。五是通过政策加强对文化金融培训、交流、研究等活动的扶持，积极推进全国文化金融中心城市建设。

2. 以南京文化金融服务中心为枢纽探索综合服务平台化

南京是首创文化金融服务中心的城市。依托文化金融服务中心，南京积极推动政策执行，推动金融机构创新产品和服务，配合有关部门优化保障体系，实现了南京文化金融服务体系的顶层设计系统化、综合服务平台化、金融工具专业化、保障体系综合化和优先服务小微文化企业。

十年来，南京已经初步探索了一条政府职能转型引导产业服务企业的创新路径。南京文化金融服务中心着力纵向协调各级组织和节点负责政策落地，横向将各类服务机构对接起来，构建起一个立体的合作网络，成为政策实施的转化器。南京文化金融服务中心坚持合作的专业性、市场性和开放性，积极运用市场机制集聚了各类资源为文化企业提供金融服务和其他附加服务，构建文化金融服务的开放体系，形成文化金融合力，成了整合各方资源的黏合剂。根据规划，南京市文投集团将组建以"1+N"全业态多元化组织为服务架构的文化金融服务集团，其中的"1"即文化金融服务中心。在这个新的体系中，文化金融服务中心将拥有更完善的核心层文化金融服务机构，配合外部文化金融机构，将能够发挥更好的服务功能。

在新发展阶段，南京文化金融服务中心应升级角色定位，在新发展阶段的国家战略体系及高标准现代文化市场体系和文化产业体系确定新的坐标。一是要继续完善工作机制与组织机制，整合资源、协调各方，为文化企业提供融资、信息、征信等更优质的文化金融服务。二是要积极利用数字技术推动文化金融数字化，利用新型数字网络（元宇宙）提升公共服务水平，探索文化金融元宇宙模式。三是除了优先服务小微文化企业，还应重点服务数字文化企业和文旅融合业态，重点服务重大文化产业项目。四是在文化保险、文化产业私募股权投资等领域加大服务力度，补足短板。五是继续推动文化企业征信体系建设，吸取以往经验教训，推动以"文化金融新基建"为核心的基础建设，利用数字化机遇再创领先优势。

3. 以文化银行集群为特色的文化金融产品创新与服务创新

2013年以来，南京率先推出"文化银行""文化征信贷""文化小贷"等工具和服务，逐步推动投资基金、文化产权交易所、文化典当、文化融资租赁等服务文化企业，形成了金融工具综合化的特点。在南京市推出的综合性文化金融工具和服务当中，文化银行最具特色。虽然各地多有文化特色银行，但南京形成了有别于各地的文化银行服务方式，可以总结为八个字：统一规则，形成集群。2013年8月,《南京市文化产业投融资体系建设计划》（宁委宣通〔2013〕56号）发布,其中重要的任务是"遴选文化银行,引导金融机构加大文化信贷力度"。根据规划,南京文化银行资格经文化和金融监管部门联合制定标准统一认定,而不是由某一银行的系统内部或由单一的金融监管部门认定。各文化银行虽然各有服务特色,有不同的产品,但在总的方面需要符合南京文化银行的要求。南京市制定了《南京市文化银行综合考核实施办法》,对文化银行业务进行考核。南京银行科技文化金融服务中心、南京银行南京分行、北京银行南京分行、交通银行江苏省分行科技（文化）金融服务中心等机构在文化金融服务过程中积极创新产品,推出了"鑫动文化"、苏影保、创意贷、文旅等一批"专精特新"贷和高企成长贷等系列产品。南京市通过招标确定了10家银行为文化银行,截至2022年6月末,10家文化银行累计发放贷款200多亿元,服务企业5 000多批次。

在文化银行运行体系中,南京文化金融服务中心负责文化企业贷款需求审核、推送,协调文化银行提供信贷服务,形成了南京文化金融服务中心为协调枢纽的文化银行集群服务机制。2020年8月,中国人民银行南京分行营业管理部联合南京市委宣传部印发《金融支持文化产业稳企业保就业工作的实施方案》,明确提出设立首贷续贷服务中心,集中受理中小微文化企业首贷、续贷申请。2020年10月,南京文化金融服务中心设立首贷续贷中心,这是全国首家服务文旅企业的首贷续贷中心,丰富了文化银行服务内容,受到了上级部门的肯定和文旅企业的好评。

在新发展阶段，南京文化银行体系需要持续创新，踏上升级之路。深化专营化程度仍是第一要务，需要设立或成立更多专营支行，整体上提升文化银行体系的专营化程度。还要完善产品创新，提升产品渗透率。另外，高质量的文化银行服务体系，需要完善文化银行服务的业务流程，待条件成熟时，需要建立文化银行信贷相关行业标准。

4. 重视文化金融与科技金融协同发展

南京市重视平台协同，特别重视文化金融政策与科技金融等政策的协同。南京在文化金融服务体系初建时期就将文化金融与科技金融"捆绑"在一起，典型的是南京文化金融发展的奠基性文件《南京市文化与科技融合发展规划纲要》（宁文改发〔2013〕1号），即为文化和科技"双核"的促进政策。2013年出台的《南京市文化产业投融资体系建设计划》，即提出要借鉴国内外金融支持文化产业发展以及我市金融支持科技创业的成功经验，加强文化创新、科技创业和金融资本要素之间的融通和互动。此后，南京市非常注重文化金融与科技金融的协同，在科技金融重要政策制定时多涵盖或适用于文化金融，如在《市政府关于加快科技金融体系建设促进科技创新创业的若干意见》（宁政发〔2017〕142号）即特别要求"相关政策适用于文化金融"。

在数字经济的推动下，现代文化产业将更多依赖科技来进行生产、流通和消费，这对如何加强文化金融与科技金融（或科创金融）的协同提出了新的要求。第一，要积极服务文化科技企业和数字文化企业，这些企业将成为文化与科技"双轮驱动"的企业，无形资产不仅是版权，而且专利等无形资产的比重越来越高。第二，要与科技金融协同应对数字资产难题。在数字化生产背景下，数字资产的评估和流转将困扰业界很久，文化金融业界可从文化数据资产入手，逐步破解这个难题。第三，推动文化科技企业靠拢"专精特新"。"专精特新"企业将享受很长一个周期的政策红利，文化科技企业不能错过这些红利，要积极创造条件，在资本市场实现飞跃。

5. 以优先服务小微文化企业为价值导向

如何缓解小微企业融资约束一直是政府部门和业界面对的普遍性难题。南京文化金融服务模式将小微文化企业作为优先服务对象，体现了文化金融政策和文化金融服公共服务的价值导向。

参照国家相关标准，南京关于小微文化企业认定的标准为：企业从业人员100人以下，上年营业收入3 000万元及以下的企业为小微文化企业。南京文化金融服务体系构建初期就将小微文化企业作为主要服务主体，不仅在顶层设计时将小微文化企业作为主要服务对象，同时也在执行过程中坚决执行这一中心任务。针对小微文化企业的特点，南京文化金融服务中心协调整个平台体系优先服务广大小微文化企业，开发小微文化企业信用评级系统，率先推出"小微文化企业金融服务券"，为小微文化企业创业融资牵线搭桥，组织各类路演活动，成为小微文化企业起飞路上的助推器。小微金服券是南京文化金融服务小微文化企业的典型做法，发挥了文化、财政、金融、经信等部门合力，提升了财政贴息资金综合效能，加大了对小微文化企业的信贷投放力度。截至 2022 年 3 月末，在南京文化金融服务中心的入库企业为 3 315 家，10 家文化银行及文化小贷累计发放贷款 202.53 亿元，其中初创期、成长期文化企业贷款 159.28 亿元，占比达到 78.64%。

三年疫情之后，小微文化企业的处境更加艰难，我国已经出台很多扶助小微企业的金融政策，要求金融要发挥好在支持疫情防控和促进经济发展中的作用，金融体系通过疫情防控专项再贷款、增加再贷款再贴现专用额等手段助力中小微企业复工复产。南京市相关部门积极施策，推出抗疫纾困"十大措施"，设立文化企业首贷续贷中心，实施"三送三进"品牌服务计划等，为小微文化企业走出困境提供了有力的帮助。

在新发展阶段，南京通过三点升级服务小微文化企业模式。一是利用数字技术改善服务，完善小微企业金融服务基础设施，创新新型数字化文化金融服务方式。二是强化与南京普惠金融服务政策协同，充分利用现有普惠金融机制，积极服务中小微文化企业；推动普惠金融支持文化企业发展专门政策出台；推动创新普惠性文化信贷产品，探索新型小微文化企业信贷风险共担机制，扩大文化小微企业信贷规模。三是强化文化创业公司融资平台建设和资本市场培育，推动更多中小微企业对接天使投资和创业投资资本。

6. 充分发挥国有文化投资集团优势

在我国各地文化金融综合服务体系建设中，国有大型企业有着特殊的地位，这些企业包括国有文化传媒集团、国有文化投资集团以及国有金融集团等。在南京文化金融服务体系构建过程中，南京市文投集团发挥了举足轻重的作用。

南京市文投集团促进产业政策、金融政策和财政政策协同配合，通过整合资源、金融支持、业务交流、产业协作，指导支持文化金融服务中心工作，先后成立文化小贷、典当行、投资基金、文化融资租赁等金融组织，充分发挥了文化龙头企业的主力军作用，成了南京文化金融服务体系和文化产业投融资体系的轴心企业。南京市文投集团在贯彻国家和上级部门制定的政策中抓住要害，在推进文化金融服务方面具有首创精神，敢于创新，一是能够真金白银投入资金，形成了文化金融专门的服务队伍和保障体系，二是能够一直坚持做，坚持执行既定战略，持续保持了战斗力。根据南京市文投集团"十四五"规划，集团要巩固完善以互联网文娱、十竹斋艺术为两大主业，文化金融投资和文化科技创意为两个翅膀，文化综合体为一个基体的"两主两翼一体"产业结构基础，文化金融是"两主两翼一体"业务结构中的一翼。根据规划，南京市文投集团将于2023年完成组建文化金融服务集团的任务，形成"1+N"文化金融服务架构，即一个公共服务中心加多个市场服务机构。

在新发展阶段，如何对文化金融板块进行优化升级，成为摆在南京市文投集团面前的重要任务。南京市文投集团作为文化投资运营类国有集团，在推动文化金融模式升级的同时还需充分利用创建国家文化与金融合作示范区时机，在更高视野和更大平台上，为面向新发展阶段的南京文化金融发展做出努力。南京市文投集团应推进构建高标准文化金融市场体系，在文化金融中介服务体系化、文化金融服务体系数字化、文化金融服务基础设施数字化等方面多做工作，推动设立数字化文化金融服务创新试点。应推广创新特色文化金融服务，重点服务文化产业中的产业链、中小微企业、数字文化产业等重点领域，完善推广文化产业供应链金融服务、普惠性文化金融服务和数字文化产业金融服务。应着力打造高质量文化金融服务模式，培育文化金融新生态，推动区域文化金融合作机制，探索"南京都市圈文化金融发展模式"，打造全国文化金融人才培养高地。

第29讲

深圳"双区"建设背景下版权金融创新相关问题①

【导读】

在深圳"双区"建设中,知识产权金融创新是关于文化产业发展和金融之间关系的"眼",从这个"眼"出发,讨论版权金融问题顺理成章。版权金融创新主要包括版权质押融资、版权投资基金、版权资产证券化、版权信托等,相关实践中虽然还不够丰富,但已经有所突破。

深圳要建设中国特色社会主义先行示范区和粤港澳大湾区,文化金融要在"双区"建设中发挥自己的作用,就需要找到如何服务"双区"的路径。根据当前国家和深圳本地的相关政策,知识产权金融创新在这个路径选择上有重要地位。这个命题的关键词是知识产权金融,知识产权金融包含了版权金融,能够将文化

---

① 本文根据作者于2020年12月18日在深圳举办的2020文化金融服务"双区"建设(深圳)高峰论坛暨2020年深圳文化金融成果发布会的主题演讲整理而成。

金融发展与新经济发展以及深圳的"双区"建设联系起来。下面做一个简要的梳理,我在这里主要还是提出问题,至于解决问题,还有待下一步继续探讨。

1. 从"两区"战略相关内容看文化金融问题

2019年8月9日中共中央、国务院发布《关于支持深圳建设中国特色社会主义先行示范区的意见》(以下简称《意见》),这一战略性文件对深圳文化产业的未来发展是十分重视的,主要体现在以下几个方面。

一是战略定位的"城市文明典范"中。《意见》提出,践行社会主义核心价值观,构建高水平的公共文化服务体系和现代文化产业体系,成为新时代举旗帜、聚民心、育新人、兴文化、展形象的引领者。把"现代文化产业体系"纳入城市文明典范这个定位当中,我认为很有深意。二是在发展目标当中。《意见》要求,到2025年"文化软实力大幅提升",到2035年"建成具有全球影响力的创新创业创意之都"。在综合的战略性文件里面的发展目标当中,把文化和文化产业的重要性提高到这么高的程度,是比较少见的。三是在"重要任务"里边也有体现。比如在率先塑造展现社会主义文化繁荣兴盛的现代城市文明中,提出要加快建设区域文化中心城市和彰显国家文化软实力的现代文明之城,发展更具竞争力的文化产业和旅游业。要支持深圳大力发展数字文化产业和创意文化产业,"创意文化产业"这个名词很新。还有要"加强粤港澳数字创意产业合作","支持深圳建设创意创新设计学院",等等,这都是一些很具体的提法和表述,值得深入研究。

2019年2月中共中央、国务院印发《粤港澳大湾区发展规划纲要》,文中提出深圳要发挥作为经济特区、全国性经济中心城市和国家创新型城市的引领作用,加快建成现代化国际化城市,努力成为具有世界影响力的创新创意之都。同时提出,要完善大湾区内公共文化服务体系和文化创意产业体系,培育文化人才,打造文化精品,繁荣文化市场,丰富居民文化生活。支持深圳引进世界高端创意设计资源,大力发展时尚文化产业。"创新创意之都"再次被提出,深圳多年使用的"文化创意产业"在这里出现,说明深圳文化产业发展的特点要聚焦在"创意"之上,这是对现代都市发展文化产业的必然要求。

既然文化和文化产业在深圳的"先行示范区"和"粤港澳大湾区"建设中如此重要,就需要我们找到推动文化产业发展更好的金融服务路径。我们要找到"先行示范区"规划中关于文化产业发展和金融之间关系的"眼"。我认为这个"眼"就是知识产权和知识产权金融创新,知识产权天然包含版权这个问题,讨论版权金融顺理成章。《关于支持深圳建设中国特色社会主义先行示范区的意见》在"加快实施创新驱动发展战略"中专门提到了知识产权问题,提出要探索知识产权证券化,规范有序建设知识产权和科技成果产权交易中心。《粤港澳大湾区发展规划纲要》也在深化区域创新体制机制改革中要求大湾区"开展知识产权证券化试点",同时就强化知识产权保护和运用等方面提出了明确要求。

从知识产权和金融的关系出发,我们可以找到版权金融创新的合理性。

因为知识产权包括版权(著作权),所以在科技领域要说知识版权,在文化领域就要说版权。可能很多人认为知识产权就是科技领域的,版权是另一套体系。但是要看怎么思考这个问题,我们不应因为知识产权和版权管理在我国是两个部门负责就认为这是两个问题。这不是非要"拉上关系",而是逻辑上如此。我参加过几次关于知识产权证券化的会议,专家们讨论这个话题时根本绕不开版权证券化。所以应该在知识产权金融创新当中及时地提出版权相关问题,要把这种逻辑关系搭建起来。当然,文化产业也有专利权这类知识产权问题,文化产业领域的科技驱动力以及由此带来的金融服务也是新问题。

2. 从知识产权金融创新到版权金融创新

知识产权金融创新问题,主要是以下类型:知识产权质押融资、知识产权投资基金、知识产权融资租赁、知识产权资产证券化、知识产权信托等,这些类型都有一些创新案例。知识产权抵质押融资的要点是知识产权价值评估,还有就是风险分担机制设计,深圳刚成立了一个知识产权质押融资基金,这些机制的设计有利于这一金融产品的应用。知识产权投资基金是专门投资于知识产权领域的私募股权投资基金,北京、深圳都设立了专门的基金。在知识产权融资租赁方面,现在的案例中有很多跟文化产业有关。知识产权资产证券化产品数量不多，一共也就十几个案例，其中一半是与版权相关的。最后是知识产权信托，2018年安徽省曾启动过知识产权信托试点，但这方面的案例非常少。

由于知识产权包括了版权，我们可以从知识产权金融创新类型，直接类推出版权相关的金融创新问题，实际上也就是版权金融创新问题，包括版权质押融资、版权投资基金、版权资产证券化、版权信托等。

一是看版权抵质押融资。其实这个类型的产品很多银行都推出过，只不过市场占有率或渗透率可能会低一点。推出类似产品的有中国建设银行、中国工商银行，还有包括杭州银行和很多城商行，据了解，大多数的产品就是渗透率相对低一点，主要原因是他们认为产品风险比较高。

二是版权投资基金领域。深圳刚成立了一个基金，粤港澳大湾区数字版权发展投资基金。记得2010年的时候，北京就有机构倡导过要搞这个类型的版权投资基金，后来没有成功。后来中国版权保护中心和某一个单位，似乎也宣称合作搞过类似的版权基金，后来也不了了之。版权基金是新生事物，可能投资专业性太强，需要进行更多的探索。

三是版权资产证券化问题。之前我在文章里提到过，世界上的知识产权证券化就是源于文化领域的，鼻祖就是"鲍伊债券"。北京文科租赁公司在这方面做了不少工作，有几个案例可以参考。

四是版权信托。版权信托是将版权财产进行信托管理，受托人通过对版权财产进行管理和处置（销售、租赁、抵押等）为委托人取得收益。这在信托逻辑上成立的，但我还没有看到国内有比较好的案例。

3. 几个需要深入思考的问题

在"双区"建设背景下推动版权金融和文化金融的深入，需要就几个问题做进一步深入思考。

第一，新经济和文化金融的关系问题。

知识经济、信息经济、互联网经济，这些新经济形态发展已经二十年了，但是我们要在新经济结构上建立新的金融体系，这样的步伐是严重滞后的。银行的支行分行在文化金融创新上实际上没有太多的决策权力，总行不同意，文化金融产品创新就推不动。所以即便一些机构对新经济新业态有所认识，但总体上金融体系对文化产业没有按照新经济的视角来推动产品创新是事实。改革开放四十年来，很多的金融机构吃了制度红利、改革红利，在传统金融业务上有丰厚的回报，比较起来从事文化金融这类新业务的机会成本就太高了，这容易理解。但是我们如何在新经济体系下构建发展文化金融，这也是一个必须解决的问题。我们现在需要把文化产业纳入新经济体系下，以版权、无形资产为核心进行创新。这样一个巨大的文化产业难道不值得重视？建议还是要改变思路。

第二，版权金融的"合法性"问题。

在知识产权金融创新这个框架下，应该重视那个曾经看起来不成熟的命题,就是我们文化产业非常关注的"版权金融创新"这个命题。2013年,国家知识产权局、工商总局和国家版权局联合印发的《关于商业银行知识产权抵质押贷款业务的指导意见》,就明确包含了版权,不只是专利。2019年印发的《关于进一步加强知识产权质押融资工作的通知》同样包含版权。所以说,版权金融创新在国家政策文本上是有"合法性"的,只是我们在实践当中推进起来是比较困难。能不能借助于深圳的"双区"建设这个契机,在这方面有更大的进步,让我们拭目以待。

第三,如何围绕数字版权进行金融创新的问题。

在数字经济时代,要面对文化数据资产和数字版权问题。文化数据资产联通了数据、大数据、数据资源、数据要素这些概念。现在用"文化数据资产"这个概念好些,如果用数字资产,就可能直接指向与虚拟资产和虚拟货币相关的领域,会引起误解。未来,文化数字资产和文化数据资产可能在内涵外延上进一步趋同。我要提出的问题是,在数字经济背景下,文化数据资产、数字版权等这些资源,会形成什么样的资产基础,以这个资产类型为基础的数字版权金融的创新空间到底有多大?或者说,我们能不能跟上数字经济的步伐?这是一个重要的问题。

第四,文化科技企业知识产权金融问题。

我参与过科技金融课题研究和相关活动,我原来认为把科技金融研究透了再来看文化金融是很容易的,就是所谓"降维"。但是现在看也不尽然,文化金融毕竟有文化金融的特征,不是简单类比就可以参透的。这其中有相同的特点,如无形资产的地位问题，也有各自的特点。最大的不同是科技金融服务的产业多是物质产品生产部门，而文化金融服务的大多是精神产品生产部门。但文化金融和科技金融也有很多交集，就是文化科技企业的金融服务问题。文化产业的科技型公司越来越多，未来在文化产业中可能有竞争力的主要是科技型的大公司。文化产业里边的科技金融问题，与一般意义的科技金融的不同之处就是文化科技企业的知识产权资产部分，主要是专利部分，不是一般的专利，而是需要考虑其文化属性问题。

在数字经济背景下，文化产业发展有很多变数。数字化迁徙会带来很多变化，会带来治理难题，比如数字孪生技术，看起来就和转基因、克隆技术一样具有两面性。这些问题，我想可能在深圳这一块创新热土上率先找到答案。

第30讲

拥抱蓝色：大湾区蓝色文旅产业与金融服务创新[①]

【导读】

蓝色文旅产业是粤港澳大湾区发展蓝色经济的重要拼图。金融服务粤港澳大湾区，应充分利用粤港澳大湾区金融资源，服务好蓝色文化产业。从体系而言，要从机构、产品和基础设施这三大要素来切入，探索蓝色文旅金融服务体系构建之路。

2019年2月，中共中央、国务院印发《粤港澳大湾区发展规划纲要》（以下简称《纲要》），这是粤港澳大湾区（以下简称"大湾区"）发展的基础性政策文件，分别对2022年和2035年两个时间点提出了明确发展目标。《纲要》对蓝色经济发展及文化和旅游产业发展提出了要求，从《纲要》中我们已经可以将蓝色经济与文旅产业结合在一起研究和思考。从蓝色经济视角探讨发展大湾

---

① 2021年12月，吉林大学横琴金融研究院主办横琴金融论坛，主题为"蓝色经济新愿景——粤澳产业创新、发展与融合"。作者受邀做主题演讲，本文根据演讲的部分内容整理补充而成。

区文旅产业问题，探讨如何推进金融服务蓝色文旅产业问题，具有独特的价值。

《纲要》提出，坚持陆海统筹、科学开发，加强粤港澳合作，拓展蓝色经济空间，共同建设现代海洋产业基地，同时又提出深化粤港澳文化创意产业合作，有序推进市场开放，建设宜居宜业宜游的优质生活圈。蓝色经济是环保可持续的、高质量发展的海洋经济，传统的蓝色经济包含海洋能源、海洋水产、海洋工程制造、海洋交通产业等。现代蓝色经济由一系列蓝色产业构成，其中与海洋主题相关的文旅产业是海洋经济中的新兴部分，也是蓝色产业，这部分我们可以称之为"蓝色文旅产业"。蓝色文旅产业包括滨海或海洋旅游、海洋体育、海洋文娱、海洋艺术、海洋文博、海洋文化遗产开发等，这些都是蓝色经济的新形态。

大湾区是我国文旅产业发达的地区，产业增加值在全国总量中的比重也非常高，粗略计算应在15%以上。发展大湾区蓝色经济，需要充分重视蓝色文旅产业的发展，要充分利用湾区金融资源，服务好蓝色文化产业。2018年，中国人民银行、国家海洋局等八部门联合印发《关于改进和加强海洋经济发展金融服务的指导意见》，围绕推动海洋经济高质量发展，明确了银行、证券、保险、多元化融资等领域的支持重点和方向，这个文件是金融服务海洋文旅产业的重要政策依据之一，其中相关内容也可以作为海洋文旅金融服务创新的基础框架。

从金融服务视角上来看，大湾区发展蓝色文旅产业的建议，可以概括为三个方面。

第一，提升三种能力，推动蓝色文旅产业高质量发展。

金融服务产业，非常关注微观主体的核心竞争力。蓝色文旅产业是新兴产业，但多是传统业态基础上发展起来的，很多业态处于初级阶段，经营粗放，模式单一。比如滨海旅游，大多数还是坐船出海，捕鱼捞虾，没什么更好的体验。发展蓝色文旅产业，要鼓励和支持企业提升三种能力，包括文化创新能力、科技创新能力和资本市场能力。这也是三个重要的产业发展驱动力。

提高文化创新能力，强化海洋文化和蓝色文化资源挖掘（历史、民俗、宗教、商业文化等），推动传统文化与现代时尚表现的结合。海洋文化是人与海洋之间的关系体现，是人们关于海洋文明的文化表现。从岭南文化到海上丝绸之路，从"南海一号"到苏轼的巽寮湾、文天祥的零丁洋、郑观应的轮船招商局，大湾区沿海地区人文传统悠久、海洋文化资源丰富，但目前看来利用得都有些粗放，应好好研究如何创新性转化、创造性发展。比如海洋主题博物馆、艺术馆等业态还是欠缺，应该多推出类似的更具文化体验的海洋文化旅游项目。

提升科技创新能力，特别关注数字技术在海洋文旅产业中的应用，促进数字化文化生产与消费。数字技术将广泛应用于海洋文娱、海洋艺术、海洋文博等项目，如海洋博物馆、海洋文化馆、海洋公园的沉浸式展示和体验项目。从事海洋文旅产业的头部企业应尽快完成企业的数字化转型，同时将数字技术应用于项目当中。应推动海洋文旅产业链和供应链的数字化转型，带动中小微企业进入数字化生态圈。

第六章 区域发展：文化金融的融入与赋能

提升资本市场能力，特别关注提升文旅企业的金融能力。文旅融合是发展大趋势，现代海洋文旅产业是融合性产业，以旅彰文，以文促旅，具有较大的发展前景，这个领域会出现很多具有投资价值的企业和项目。应积极鼓励海洋文旅企业加强公司金融能力提升，强化资本运营，学会利用股权投资市场，提升经营管理水平和市场风险管理能力。

第二，完善三大要素，建立海洋文旅金融服务新体系。

大湾区在金融服务文旅产业方面具有鲜明特色。建议推动海洋文旅产业发展的统一政策规划，将建立蓝色文旅金融服务新体系纳入规划当中。从体系而言，仍要从机构、产品和基础设施这三大要素来切入，这是构成蓝色文旅金融服务体系的主要部分。

推动海洋文旅金融服务体系的机构专门化。《关于改进和加强海洋经济发展金融服务的指导意见》鼓励银行设立海洋经济金融服务事业部、金融服务中心或特色专营机构。一方面，我们积极推动将海洋文旅产业金融服务纳入海洋经济金融服务专门机构服务范畴当中，同时建议大湾区能够借助蓝色经济发展的机遇，探索设立以海洋文旅产业为特色的专门金融服务机构和组织。

推动蓝色文旅金融产品创新。我国文化金融和旅游金融的产品创新都有了比较好的基础，目前很多银行都有文旅专属产品，多数都适用于海洋文旅产业。但仍有一些产品创新可以结合海洋经济特点进行设计开发，如《关于改进和加强海洋经济发展金融服务的指导意见》提出，积极开发适合滨海旅游特点的金融产品和服务模式，开发滨海旅游特色保险产品。建议推动创新海洋文旅知识产权证券化产品。

推动蓝色文旅金融服务相关的基础设施建设。文化金融基础设施建设主要关注两大支柱，一是如何构建新的信用管理体系，二是如何建立新的文化资产评估体系，这对海洋文旅产业金融服务同样适用。还要特别关注的是数字化背景下的文化数据资产评估体系。国家"十四五"规划和2035年远景目标当中已经明确提出"实施文化产业数字化战略"，文化和旅游部也印发了《关于推动数字文化产业高质量发展的意见》，建议大湾区关注文化大数据相关政策，争取在大湾区建立全国性的文化数据资产交易市场，[①]依托文化数据交易市场为海洋文旅产业提供更好的数据资产服务。

第三，推动三个领域的政策设计，保障提供更好的金融服务。

大湾区是最具改革精神、开放精神和创新精神的地区，金融促进大湾区蓝色文旅产业，助力大湾区蓝色经济，有很大的发展空间。建立蓝色文旅金融服务体系还需要在政策设计上有较大的突破，这里有三个方面的建议。

一是推动海洋文旅产业金融服务政策专门化。我国《中华人民共和国文化产业促进法》即将出台，其中关于文化金融的内容很多，实际上能够推动文化金融和旅游金融政策科学化及法治化，这个机遇需要好好利用。我国在金融服务海洋经济发展方面也有专门政策，即《关于改进和加强海洋经济发展金融服务的指导意

---

① 本文演讲时间为2021年12月。2022年8月31日，由深圳文化产权交易所承建的全国文化大数据交易中心上线试运行。

见》,这为金融服务海洋文旅产业提供了依据和范本,建议在大湾区层面推动出台金融服务海洋文旅产业的专门政策,以利于更好推动金融服务创新。

二是推动将海洋金融纳入大湾区区域金融改革。我们知道,当前区域金融改革主要集中在科技金融、普惠金融、绿色金融和自贸区金融等,一些地方结合地方发展特定主题进行区域金融改革值得我们借鉴,如2016年江苏省泰州市成为全国首个以支持产业转型升级为主题的金融改革试验区,2020年江苏省昆山市获批以建设深化两岸产业合作为主题的金融改革创新试验区。海洋金融作为海洋文旅金融的上层范畴,一旦成为区域金融改革试点或建设金融改革试验区的主题,必然对海洋文旅产业发展产生极大助力;如果能够推动文化金融纳入粤港澳大湾区的区域金融改革的范围之内,也可覆盖海洋文旅金融服务。

三是推动大湾区文旅和金融人才的培养和互通互认。2021年香港特区政府推出"大湾区青年就业计划",首期两千个职位,招募香港青年及大学毕业生在内地就业。香港是国际商业中心和国际金融中心,商业和金融人才丰富,能够为湾区文旅经济提供人才支撑。当前,一些职业如律师等已经开始在香港澳门地区互通互认,建议在文旅和金融人才培养和互通互认上也尽快形成一套机制,助力大湾区文旅经济和文旅产业金融服务高质量发展。

附 录

全国文化金融相关大事记（2003—2023年）

2003年：

1.2003年我国启动文化体制改革。2003年6月，全国文化体制改革试点工作会议在北京召开，会议决定9个省市为改革试点：北京、上海、重庆、广东、浙江、深圳、沈阳、西安、丽江。

2004年：

1.2004年4月，国家统计局颁布《文化及相关产业分类（2004）》。

2.2004年，中国共产党十六届四中全会通过《中共中央关于加强党的执政能力建设的决定》，首次提出要"解放和发展文化生产力"。

3.2004年12月，北青传媒在香港上市，成为内地传媒企业中国香港上市第一股。

2005年：

1. 2005年4月,国务院印发《国务院关于非公有资本进入文化产业的若干决定》(国发〔2005〕10号)。

2. 2005年12月,中共中央、国务院印发《关于深化文化体制改革的若干意见》。

2006年：

1. 2006年9月,《国家"十一五"时期文化发展规划纲要》提出:完善文化发展的经济政策。

2. 2006年11月,中共北京市委宣传部、北京市发展和改革委员会发布《北京市促进文化创意产业发展的若干政策》,提出"加大资金支持,拓宽融资渠道"。

2007年：

1. 2007年,北京银行推出"创意贷"产品系列产品,主要服务于中小文化创意企业及从事文化创意集聚区建设的中小企业。

2. 党的十七大召开。党的十七大报告指出,要大力发展文化产业。

3. 2007年12月,辽宁出版传媒股份有限公司（后改称"北方联合出版传媒"）在上海证交所上市。

2008年：

1. 2008年,美国发生的次贷危机转变为波及全球的金融危机。

2. 2008年10月,国务院办公厅下发《关于印发文化体制改革中经营性文化事业单位转制为企业和支持文化企业进一步发展两个规定的通知》,就企业转制中的"投资和融资"问题做了明确要求。

2009年:

1. 2009年5月,由商务部、文化部、广电总局、新闻出版总署、中国进出口银行联合印发了《关于金融支持文化出口的指导意见》(商服贸发〔2009〕191号),这是中央有关部委第一次就金融支持文化产业发布专门的文件。

2. 2009年7月3日,中国人民银行营业管理部、中国银行业监督管理委员会北京监管局印发《关于金融支持首都文化创意产业发展的指导意见》(银管发〔2009〕144号),为第一个由金融监管部门主导发布的文化金融专门政策文件。

3. 2009年7月22日,国务院发布《文化产业振兴规划》,在"政策措施"中专门提出"加大金融支持"的要求,内容涉及银行信贷、担保和再担保、文化企业上市及上市后再融资、发行企业债券等内容。

4. 2009年9月10日,文化部出台《关于加快文化产业发展的指导意见》(文产发〔2009〕36号)。

5. 2009年9月,陕西省人民政府印发《关于金融支持陕西文化产业做大做强的指导意见》,是地方政府出台的较早的文化金融专门政策之一。

6.2009年,北京银行以版权质押方式为华谊兄弟公司提供了1亿多元的多部电视剧打包贷款,包括14部电视剧。

7.2009年10月,华谊兄弟传媒股份有限公司在创业板上市。

2010年:

1.2010年,中国人民银行、财政部、文化部等九部委出台《关于金融支持文化产业振兴和发展繁荣的指导意见》,这是我国第一个具有战略意义的全国性文化金融政策文件。

2.2010年5月14日,文化部文化产业投融资公共服务平台(http://www.cnci.gov.cn/sys)正式上线。

3.2010年7月,上海市发布《上海市金融支持文化产业发展繁荣的实施意见》。

4.2010年10月,中国共产党第十七届五中全会审议通过《中共中央关于制定国民经济和社会发展第十二个五年规划的建议》,大会公报首次提出"推动文化产业成为国民经济支柱性产业"。

5.2010年12月,中国保监会印发《关于保险业支持文化产业发展有关工作的通知》(保监发〔2010〕109号)。

6.2010年,中国银行浙江分行推出文化产业信贷产品"影视通宝"。

7.2010年起,全国各地纷纷成立文化产权交易所。

2011年:

1.2011年,中国共产党第十七届中央委员会第六次全体会议审议通过《中共中央关于深化文化体制改革、推动社会主义文化大发展大繁荣若干重大问题的决定》，提出"建设文化强国"的目标。

2. 2011年5月，中共广东省委宣传部、中国人民银行广州分行、广东省财政厅等九部门联合印发《关于金融支持广东省文化产业振兴和发展繁荣的实施意见》。

3. 2011年8月，江苏省发布《关于金融支持文化产业发展的若干意见》（苏政发〔2011〕116号），提出加大对文化产业的信贷投入，拓宽文化企业融资渠道，发展文化产业保险市场。

4. 2011年，我国开展清理整顿各类交易场所的行动，各地文交所、艺术品交易所也在整顿之列。

2012年：

1. 2012年2月，中共中央办公厅、国务院办公厅印发《国家"十二五"时期文化改革发展规划纲要》。提出建立健全文化产业投融资体系，鼓励和引导文化企业面向资本市场融资，促进金融资本、社会资本和文化资源的对接。推动条件成熟的文化企业上市融资，鼓励已上市公司通过并购重组做大做强。

2. 2012年3月31日，文化部文化产业司联合中国人民银行金融市场司、中国银行间市场交易商协会在江苏苏州召开了"文化企业债券融资座谈会"，部署启动文化企业债券融资工作。

3. 2012年3月23日，国家开发银行与文化部签署了《支持文化产业发展合作备忘录》，承诺在"十二五"期间投资于文化产业的资金规模达到2 000亿元。

4. 2012年4月，财政部发布修订后的《文化产业发展专项资金管理办法》。

5. 2012年6月，文化部印发《文化部关于鼓励和引导民间资本进入文化领域的实施意见》（文产发〔2012〕17号）。

6. 2012年7月12日，《国务院办公厅关于清理整顿各类交易场所的实施意见》（国办发〔2012〕37号）发布。2012年是"清理整顿各类交易场所切实防范金融风险"行动的第二年，至2012年底，全国各地文化产权交易所基本停止艺术品份额化交易。

7. 2012年6月18日，北京市国有文化资产监督管理办公室（简称"文资办"）正式成立。在成立仪式上，文资办与十家银行签订文化金融创新发展合作协议，为北京文化产业发展提供授信额度1 000亿元人民币。

8. 2012年8月，中共北京市委宣传部、北京市金融工作局联合印发《关于金融促进首都文化创意产业发展的意见》。

9. 2012年6月，中国民生银行成立文化产业金融事业部，是国内首家在总行设立服务文化产业专门事业部的银行。

10. 2012年2月，华侨城集团通过中国工商银行承销，采取信用担保方式在银行间债券市场发行60亿元债券（私募中期票据），融资用于"欢乐谷""欢乐海岸"等文化旅游项目建设。

11. 2012年8月，扬州工艺美术集团和大贺文化传媒集团采取联合信用增级，共担成本，在银行间债券市场发行1.5亿元中小企业集合债券，这是国内首笔中小文化企业集合债券。

2013年：

1. 2013年11月，中国共产党十八届三中全会召开，全会审议通过了《中共中央关于全面深化改革若干重大问题的决定》。提出"鼓励金融资本、社会资本、文化资源相结合"的精神，成为此后文化金融发展的重要政策依据。

2. 2013年，财政部发布《关于加强中央文化企业国有产权转让管理的通知》和《中央文化企业国有产权交易操作规则》（财文资〔2013〕6号）。

3. 自2013年起，文化部、财政部联合实施中央财政文化产业发展专项资金重大项目——"文化金融扶持计划"。

4. 2013年，中国人保财险公司设计开发了影视综合制作保险和影视制作费用增加保险两款产品。

5. 2013年8月，南京市发布《南京市文化与科技融合发展规划纲要》（宁文改发〔2013〕1号）和《南京市文化产业投融资体系建设计划》（宁委宣通〔2013〕56号）。

6. 2013年11月14日，全国首家文化金融服务中心——南京文化金融服务中心挂牌成立。

7. 2013年11月，经南京市文化改革发展领导小组认定，南京银行、交通银行、中国银行、北京银行为南京市第一批"文化银行"。

8. 2013年，南京市成立全国首家文化科技小贷公司。

2014年：

1. 2014年3月17日，文化部会同中国人民银行、财政部出台《关于深入推进文化金融合作的意见》,这是我国第二个全国性文化金融专门政策文件,明确了文化金融的内涵和基本框架。

2. 2014年3月25日,文化部、中国人民银行、财政部在江苏省无锡市联合召开全国文化金融合作会议。会议解读了《关于深入推进文化金融合作的意见》,正式启动了文化金融合作部际会商机制,表彰了文化金融发展优秀单位并发布"2013年度优秀文化金融创新十大案例"。

3. 2014年,国家有关部门先后印发《关于大力支持小微文化企业发展的实施意见》《关于推进文化创意和设计服务与相关产业融合发展的若干意见》(国发〔2014〕10号)和《关于加快发展对外文化贸易的意见》(国发〔2014〕13号)。

4. 2014年11月24日,上海文化金融合作座谈会召开,会上发布《上海市关于深入推进文化与金融合作的实施意见》。

5. 2014年,经中国银行业监督管理委员会批准,湖南出版投资控股集团财务有限公司成立。

6. 2014年7月,北京文化科技融资租赁股份有限公司由北京市国有文化资产监督管理办公室联合中国恒天集团等单位共同成立,注册资本19.6亿元

7. 2014年9月15日,南京市发行第一期"小微文化企业金融服务券"。

8. 2014年10月31日,建银文化产业投资基金向中国国际经济贸易仲裁委员会申请仲裁,要求小马奔腾文化传媒股份有限公司创始团队及创始人财产继承人履行股份回购义务,成为文化产

业投资领域"对赌协议"的经典案例。

9. 根据中国文化金融50人论坛（CCF50）2016春季峰会上发布的《2015年中国文化产业资本报告》显示，2014年我国文化产业资金流入规模达3 253.16亿元（除信贷市场以外的所有市场），较同期增长275.43%。

2015年：

1. 2015年1月，全球业务量最大的完片担保公司——电影金融有限公司（Film Finances Inc，FFI）在中国上海开设分公司。

2. 2015年5月，国务院办公厅印发《关于在公共服务领域推广政府与社会资本合作模式的指导意见》（国办发〔2015〕42号），文化领域被正式纳入PPP模式的推广范围。

3. 2015年，北京市文化中心建设发展基金设立，该基金设计总规模1 000亿元，首期200亿元。

4. 2015年10月，南京国际租赁有限公司与幸福蓝海院线合作，以直租方式采购放映设备提供融资服务。

5. 2015年，云南省财政厅与云南省信用再担保有限责任公司合作建立了文化企业融资担保风险补偿机制，制定了《云南省文化企业贷款担保风险补偿基金实施方案》。

6. 2015年之后，各地文化产权交易所的邮币卡交易平台纷纷上线，继文交所艺术品份额化交易风险之后，再次引起监管部门的关注。截至2016年12月下旬，我国78家邮币卡交易平台总交易额已达3.965万亿元，是2015年全年总额的3倍。

2016年：

1. 2016年1月23日，中国文化金融50人论坛在北京成立。

2. 2016年3月30日，中国资产评估协会发布《文化企业无形资产评估指导意见》。

3. 2016年5月26日，全国深化文化金融合作座谈会在哈尔滨市召开。

4. 2016年7月3日，中共中央宣传部、中央网络安全和信息化领导小组办公室、财政部、文化部及国家新闻出版广电局联合印发《关于深化国有文化企业分类改革的意见》的通知（中宣发〔2016〕22号），将国有文化企业分为新闻信息服务类、内容创作生产类、传播渠道类、投资运营类和综合经营类。

5. 2016年8月，全国首个文化企业信用促进会——北京市朝阳区文创实验区企业信用促进会成立。

6. 2016年11月7日，第十二届全国人民代表大会常务委员会第二十四次会议审议通过《中华人民共和国电影产业促进法》，规定：国家鼓励金融机构为从事电影活动以及改善电影基础设施提供融资服务，依法开展与电影有关的知识产权质押融资业务，并通过信贷等方式支持电影产业发展。

7. 2016年5月，金典集团发行"银河金汇—今典17.5影院信托受益权资产支持专项计划"（今典院线）。

8. 2016年4月，新三板挂牌公司华强方特通过定向增发直接募集资金12.35亿元人民币。

9. "2016中国·西安金融产业博览会"于2016年11月4—6

日在西安曲江国际会展中心举行。博览会主题为"金融创新支持文化产业发展",聚焦"文化金融"的深度融合发展。

10. 2016年11月,苏富比拍卖行宣布收购"梅摩艺术品指数"(The Mei Moses Art Indices),并将其更名为"苏富比梅摩指数"(Sotheby's Mei Moses)。

11. 2016年,快鹿集团涉案《叶问3》电影偷票房事件曝光,快鹿集团旗下互金平台遭挤兑,暴露约18亿元兑付缺口。

12. 2016年,唐德影视、暴风科技等一些上市公司的具有"明星证券化"特征的并购重组交易被中国证监会否决。万家文化收购案等高杠杆收购行为也引起了监管层的注意。

13. 根据清科私募通数据,2016年文化产业自私募股权投资基金市场融资额达到高峰,为1 049.94亿元。

14. 2016年11月,江苏省发布《江苏省文化金融合作试验区创建实施办法(试行)》,并附"江苏省文化金融合作试验区认定评估指标体系"。同时期,江苏省还发布了《江苏省文化金融服务中心认定管理办法》。

2017年:

1. 2017年4月19日,《文化部"十三五"时期文化产业发展规划》发布,提出实施"文化金融创新工作",包括选择部分文化产业发展成熟、金融服务基础较好的地区创建文化与金融合作示范区。

2. 2017年5月,《国家"十三五"时期文化发展改革规划纲要》

发布,明确提出"发展文化金融"。

3. 2017年5月,国家金融与发展实验室、中国文化金融50人论坛联合编写的我国第一部"文化金融蓝皮书"《中国文化金融发展报告(2017)》由社会科学文献出版社正式出版发行。

4. 2017年7月11日,清理整顿各类交易场所部际联席会议办公室召开了邮币卡类交易场所清理整顿工作专题会议。2017年8月2日,清理整顿各类交易场所部际联席会议办公室印发关于《邮币卡类交易场所清理整顿工作专题会议纪要》的通知(清整联办〔2017〕49号),主要内容是要求邮币卡类交易场所一律停业整顿,全面摸清风险底数,逐步化解存量风险。

5. 2017年8月,国家发展改革委印发《社会领域产业专项债券发行指引》(以下简称《指引》),其中的"文化产业专项债券",主要用于新闻出版发行、广播电视电影、文化艺术服务、文化创意和设计服务等文化产品生产项目,以及直接为文化产品生产服务的文化产业园区等项目。

6. 2017年8月4日,国务院办公厅转发国家发展改革委、商务部、中国人民银行、外交部《关于进一步引导和规范境外投资方向指导意见》,房地产、酒店、影城、娱乐业、体育俱乐部等被列入限制类境外投资。

7. 2017年,《北京市实施文化创意产业"投贷奖"联动推动文化金融融合发展管理办法(试行)》发布,北京开始实施企业股权融资、债权融资和财政支持资金对接的"投贷奖"联动体系。

8. 2017年9月4日,中国人民银行、中央网信办等六部门联合发布《关于防范代币发行融资风险的公告》,对通过发行代币形式包括首次代币发行(ICO)进行融资的活动进行整治。

9. 自 2017 年 11 月起,文化和旅游部与国家发展改革委开始组织"文化产业专项债券及产业基金融资对接交流活动"。2019 年改为"文化和旅游产业专项债券及投资基金融资对接交流活动"。

10. 2017 年 11 月 8 日,阅文集团在香港上市。阅文集团上市后市值一度上涨至近千亿元。

11. 根据中国银行业协会发布的《银行业支持文化产业发展报告(2018)》显示,截至 2017 年末,包括政策性银行、大型商业银行、邮储银行和股份制商业银行在内的 21 家主要银行的文化产业贷款余额达 7 260.12 亿元。

12. 2017 年,南京秦淮区、无锡高新区、苏州高新区和南京江宁区入选成为江苏省首批省级文化金融合作试验区。

2018 年:

1. 2018 年 12 月 25 日,国务院办公厅发布《关于印发文化体制改革中经营性文化事业单位转制为企业和进一步支持文化企业发展两个规定的通知》(国办发〔2018〕124 号)指出,鼓励符合条件的文化企业进入中小企业板、创业板、新三板、科创板等融资。

2. 2018 年 10 月,中国证监会公布《再融资审核财务知识问答》《再融资审核非财务知识问答》,内容涉及文化产业类投融资问题的"募集资金投向"方面,要求"募集资金原则上不得跨界投资影视或游戏"。

3. 2018年，北京银监局、北京市文资办印发《关于促进首都文化金融发展的意见》。

4. 2018年，中国人民银行西安分行联合陕西省委宣传部下发《关于金融支持陕西文化产业进一步加快发展的指导意见》，2018年12月27日，《陕西省文化金融融合发展三年行动计划（2019—2021年）》发布。

5. 2018年3月12日，"文科租赁3期资产支持证券"于中证机构间私募报价系统发行，发行规模8.39亿元，基础资产为北京文化科技融资租赁股份有限公司对承租人享有的租金请求权和其他权利及其附属担保权益。

6. 2018年12月，"奇艺世纪知识产权供应链金融资产支持专项计划"在上海证券交易所发行，基础资产为电视剧版权交易形成的应收账债权。

7. 2018年11月3日，在2018年南京市文化产业招商推介会上，全国文化金融中心联盟成立。

2019年：

1. 2019年6月28日，文化和旅游部发布《中华人民共和国文化产业促进法（草案征求意见稿）》。2019年12月13日，司法部就《中华人民共和国文化产业促进法（草案送审稿）》公开征求意见。该法共有七个条款对文化金融直接进行了法律上的规定，包括"金融服务体系""间接融资""直接融资""保险服务""消费金融""用汇保障""文化资本投资"。

2. 2019年8月,中国银保监会联合国家知识产权局、国家版权局发布了《关于进一步加强知识产权质押融资工作的通知》(银保监发〔2019〕34号)等。

3. 2019年4月,文化和旅游部、国家开发银行、中国进出口银行、中国农业发展银行、中国工商银行、中国银行、中国光大银行决定联合开展"2019年全国优选文化和旅游投融资项目推荐遴选工作"。

4. 2019年12月,文化和旅游部、中国人民银行和财政部批复,同意北京市东城区、浙江省宁波市创建"国家文化与金融合作示范区",创建周期为两年。

5. 2019年4月19日,中国证监会公司债券监管部发布《资产证券化监管问答(三)》,其中对于电影票款、不具有垄断性和排他性的入园凭证等未来经营性收入,不得作为资产证券化产品的基础资产现金流来源。

6. 2019年8月,中国人民银行发布《金融科技(FinTech)发展规划(2019—2021年)》。

2020年:

1. 2020年2月27日,文化和旅游部办公厅印发《关于用好货币政策工具,做好中小微文化和旅游企业帮扶工作的通知》。

2. 2020年5月1日,《文化和旅游部办公厅关于用好地方政府专项债券的通知》印发。

3. 2020年2月,北京市文改办发布《北京市关于加强金融支持文化产业健康发展的若干措施》;2020年9月15日,山东省文化和旅游厅、山东省地方金融监督管理局等五部门发布《关于金融促进文化和旅游产业发展的实施意见》。

4. 2020年11月18日,北京市文化改革和发展领导小组办公室发布《关于加快推进国家文化与金融合作示范区发展的若干措施》。

5. 2020年,很多省市出台金融支持文旅行业应对新型冠状病毒感染的专门政策,如浙江省《关于做好全省文旅企业金融支持工作的通知》,甘肃省《关于进一步做好全省文旅企业融资支持工作的通知》,以及湖南省《关于有效应对新冠肺炎疫情做好金融支持文化旅游企业稳健发展工作的通知》等。另外,河南省、吉林省、湖北省等也有一些专门政策措施出台。

6. 2020年5月,江西省推出"文企贷"优惠贷款品种,以具备一定条件的中小文化企业为借款主体,由合作银行发放。相关部门同时出台了《江西省中小文化企业贷款风险补偿资金管理暂行办法》。

7. 2020年11月18日,中国文化产业投资母基金在北京正式成立。

8. 2020年11月,经上级部门批准,南京文化金融服务中心设立首贷中心、续贷中心。

2021年:

1. 2021年5月,文化和旅游部、国家开发银行印发《关于进一步加大开发性金融支持文化产业和旅游产业高质量发展的意见》。

2. 2021年,文化和旅游部出台《"十四五"文化产业发展规划》,提出"深化文化与金融合作",要求推动文化与金融合作不断深化,鼓励和引导金融资本、社会资本与文化资源相结合,健全多层次、多渠道、多元化的文化产业投融资体系,切实提高文化企业金融服务的覆盖面、可得性和便利性。

3. 2021年,文化和旅游部先后出台《"十四五"文化和旅游发展规划》《"十四五"非物质文化遗产保护规划》《"十四五"文化和旅游科技创新规划》《"十四五"艺术创作规划》《"十四五"旅游业发展规划》。

4. 2021年5月,湖北省文化和旅游厅联合中国人民银行武汉分行等部门印发《关于用好普惠金融政策支持中小微文化企业和旅游企业繁荣发展的若干措施》;2021年10月,湖北省文化和旅游厅、中国人民银行武汉分行等部门联合发布《普惠金融支持重点县(市、区)发展文化产业和旅游产业行动计划》。

5. 2021年9月,我国第一部文化金融学专业教材《文化金融学》由北京师范大学出版社出版。

6. 2021年,由文化和旅游部产业发展司主办的"全国文化产业和旅游产业投融资培训班"在南京举办。

2022年:

1. 2022年10月,中国共产党第二十次全国代表大会胜利召开。大会报告提出"繁荣发展文化事业和文化产业"。

2. 2022年7月,商务部等27部门联合发布《关于推进对外文化贸易高质量发展的意见》(商服贸发〔2022〕102号),提出以"创新金融服务"支持文化贸易的多项措施。

3. 2022年6月9日,国务院办公厅印发《关于对2021年落实有关重大政策措施真抓实干成效明显地方予以督查激励的通报》,对文化产业和旅游产业方面发展较好的地方将择优确定国家文化与金融合作示范区。

4. 2022年7月21日,中国人民银行、文化和旅游部联合印发《关于金融支持文化和旅游行业恢复发展的通知》。

5. 2022年8月,中共中央办公厅、国务院办公厅印发《"十四五"文化发展规划》,将文化金融相关内容纳入"高标准文化市场体系"部分。

6. 2022年4月13日,中国互联网金融协会、中国银行业协会、中国证券业协会发布《关于防范NFT相关金融风险的倡议》。

7. 2022年6月23日,深圳市文化广电旅游体育局与深圳市地方金融监督管理局联合印发了《关于推进文化与金融深度融合发展的意见》。

8. 2022年8月,《北京市"十四五"金融业发展规划》印发,提出要服务全国文化中心建设,融合发展"文化+金融"。

9. 2022年6月,南京文投融资租赁有限公司揭牌成立。

2023年

1. 2023年3月,"天府文创板"在天府(四川)联合股权交易中心正式开板,首批20家企业挂牌。

2. 2023年6月12日,文化和旅游部办公厅印发《关于开展文化和旅游市场信用经济发展试点工作(2023—2024年)的通知》。

3. 2023年6月,2023西南民族特色文化产业带系列活动在四川宜宾举办,四川与4家金融机构签订金融服务西南民族特色文化产业带战略合作协议,未来五年将提供4 000亿元的授信额度支持。

4. 2023年,山东省文化和旅游厅联合中国银联开展山东省2023年"百城百区"金融支持文化和旅游消费行动。

5. 陕西省西安市曲江新区携手中国人寿推动百亿保债投资计划,设立债权投资计划,将长期限、大金额、低成本的保险资金投向文化旅游和区域基础设施等领域。

6. 文化和旅游部、教育部、自然资源部、农业农村部、国家乡村振兴局制定出台《文化产业赋能乡村振兴试点工作方案》。

7. 2023年8月,财政部制定印发《企业数据资源相关会计处理暂行规定》,自2024年1月1日起施行。

8. 2023年9月,工业和信息化部、教育部、文化和旅游部、国务院国资委、国家广播电视总局办公厅联合印发《元宇宙产业创新发展三年行动计划(2023-2025年)》。